Koordination und Feinmotorik

Motorikspiele für Hände, Füße, Finger und fürs Gesicht

Praxisreihe Kindergarten

Inhalt

Auf die Schnelle: Strich, Punkt und Welle! – Spannende Übungen für die Fein- und Grafomotorik

Gesicht, Augen, Mund: Bewegung ist gesund! – Impulse für eine gezielte Gesichts- und Mundmotorik

Hände, Finger, Füße, Zehen, lassen sich sehen! – Koordinationsspiele für Hände und Füße

Vorwort

FEINMOTORIK MIT FINGERSPITZENGEFÜHL – WAS BEDEUTET DIE FÖRDERUNG DER FEINMOTORIK IN DER KITA?

Luca hebt einen Stift auf, der auf dem Boden liegt, Ersan balanciert auf Zehenspitzen über die Langbank und Helena knöpft ihre Jacke zu. Diese Beispiele zeigen deutlich, wie Feinmotorik ganz nebenbei im Alltag zum Einsatz kommt.

Unter Feinmotorik versteht man das koordinierte muskuläre Zusammenspiel kleinerer Muskelgruppen. Damit sind nicht nur die Hände, Finger und Zehen gemeint. Auch die bewegliche Gesichtsmuskulatur, die wir im Alltag unzählige Male meist unbewusst bedienen, setzt eine funktionierende Feinmotorik voraus. Erst dadurch gelingt es uns, Grimassen zu schneiden und unseren Gefühlen über die Mimik Ausdruck zu verleihen. Eine gezielte Mundmotorik brauchen wir vor allem beim Sprechen, denn sie ermöglicht es uns, Laute richtig und deutlich auszusprechen. Auch das Essen und Trinken funktioniert ausschließlich über eine intakte Mund-, Kau- und Schluckmotorik.

Damit sich Kinder der Feinmotorik zielgerecht und sicher bedienen können, braucht es ein gutes Zusammenspiel von grob- und feinmotorischen Bewegungsabläufen. Der motorische Förderansatz in der Kita zielt darauf ab, zunächst die gesamte Bewegungskoordination des Körpers zu festigen, bevor man die Kinder vor feinmotorische Herausforderungen stellt. Erst wenn die Kinder sicher in der Grobmotorik sind, werden sie von sich aus motiviert versuchen, feinmotorische Aufgaben zu bewältigen.

Der ganzheitliche aufbauende Förderansatz ist gerade hier ein wesentlicher. So werden die Kinder zunächst Sicherheit beim Gehen und Laufen erwerben, ehe sie sich auf Zehenspitzen fortbewegen. Beim Greifen brauchen die Kinder ebenso grobmotorische Basiserfahrungen, bevor sie sich dem Pinzettengriff stellen oder Sicherheit in der Stiftführung beim Malen oder Schreiben erlangen. Kinder sind, bei gesunder Entwicklung, von sich aus motorisch angetrieben. Sie lieben es, sich bewegenden Herausforderungen zu stellen, und so braucht es im Grunde nur eine gute und ansprechende Umgebung, die dem natürlichen Bewegungsdrang der Kinder Anreiz bietet. Das folgende Heft soll genau dazu Impulse liefern. Viele Aktionen lassen sich mit wenig Aufwand und völlig ungezwungen in den Alltag integrieren.
Wie auch in anderen Bildungsbereichen, so zielen ebenso die Förderimpulse zur Feinmotorik darauf ab, möglichst viele Sinne zu aktivieren und den Kindern ein ganzheitliches Erfahrungsspektrum zu ermöglichen.

FÜR WEN SIND DIE IMPULSE GEDACHT UND WIE SIND DIESE AUFGEBAUT?

Die Aktionen dieses Heftes sind für alle Kinder gedacht, die sich gerne motorischen Herausforderungen stellen oder zu diesen motiviert werden möchten. Die einzelnen Impulse wurden mit Altersempfehlungen versehen. Doch Sie wissen am besten, für welche Kinder Ihrer Gruppe die Angebote gut geeignet sind und welche Impulse die Mädchen und Jungen in ihrer individuellen Entwicklung am effektivsten fördern.
Neben der Altersempfehlung gibt es auch einen Hinweis zur Gruppenstärke. So entdecken Sie Impulse, die eine Kleingruppe von zwei bis maximal vier Kindern vorgesehen hat. Bei der Teilgruppe empfiehlt sich eine Kinderanzahl von fünf bis zehn Kindern und bei der Gesamtgruppe alles darüber hinaus. Ebenso wie bei der Altersempfehlung gilt auch hier: Sie kennen Ihre Kinder am besten und wissen, welche Anzahl sich für die Bedürfnisse der Kinder Ihrer Gruppe optimal eignet.
Die einzelnen Aktionen des Hefts haben alle etwas gemeinsam: Die Freude und der Spaß bei der Umsetzung bleiben garantiert nicht auf der Strecke! So macht es den Kindern bestimmt Laune, ihre Zungen-, Kau-, und Mundmotorik bei der Kaugummiakrobatik zu trainieren oder den „heißen Ballon" flink mit den Fingerspitzen von einem Kind zum nächsten zu transportieren.
Um die Koordination von Händen und Füßen zu fördern, können die Kinder den Körper schon am Morgen mit einem einladenden Fuß-Hand-Fuß-Gruß so richtig in Schwung bringen. Diese Aktionen und viele mehr erwarten Sie in dem Heftchen.
Bei der Materialauswahl wurde auch darauf geachtet, dass die Vorbereitung mit wenig Aufwand verbunden und das Material, meist Alltags- oder Spielgegenstände, in jeder Kita bzw. jedem Haushalt vorzufinden ist. Viele Spiele eignen sich auch als Lückenfüller für Wartezeiten im Alltag und lassen sich völlig ungezwungen in diesen integrieren.

WELCHE FÖRDERBEREICHE WERDEN MIT DEN AKTIONEN GEZIELT ANGESPROCHEN?

Bei der Auseinandersetzung mit den Aktionen erleben die Kinder eine gezielte Förderung der Feinmotorik in folgenden Bereichen:

- ganzheitliche Körperwahrnehmung
- gezielte Auge-Hand-, Hand-Hand- oder Hand-Fuß-Koordination
- Kraftdosierung bzw. Stärkung der Hand- und Fingerkraft
- Hand-, Finger-, Schulter-, Ellbogen-, Fuß- und Beingelenksbeweglichkeit
- koordinierte Bewegungen der Gesichtsmuskulatur
- richtiges Atmen und Training der Lungenfunktion

Über die Spielimpulse erfahren die Jungen und Mädchen zudem ein spielerisches Training der Geschicklichkeit des gesamten Körpers. Dabei erleben sie, dass manches vielleicht sofort gelingt und anderes erst mehrmals erprobt werden muss, bis es zum Erfolg führt. Das fördert spielerisch die Ausdauer, Konzentration und Frustrationstoleranz der Kinder. Einige Spielvorschläge stärken zudem die soziale Zusammengehörigkeit, denn das gemeinsame spielerische Lernen macht bekanntlich viel Spaß und stärkt den Gruppenzusammenhalt. Die Kinder erlangen bei der Umsetzung aller Aktionen vor allem auch ein wichtiges Maß an Selbstwirksamkeit: Bewege ich mich, so bringe ich etwas in Bewegung!

Ich wünsche all meinen Leser*innen viel Freude bei der Umsetzung der motorischen Spiele. Bringen Sie dadurch eine gesunde Portion bewegenden Schwung in den Alltag und vermitteln Sie den Kindern, dass Bewegung wichtig ist, denn sie hält uns fit und gesund.

„Jeder Lernprozess beginnt im eigenen Körper."
Gerald Hüther

Alle zehn machen mit, dann sind die Finger fit! – Geschicklichkeitsspiele für die Fingermotorik

Das Zusammenspiel unserer Finger ist wichtig, denn so können wir Gegenstände transportieren oder uns bei kleineren Gegenständen des Pinzettengriffs bedienen. Doch Fingergeschicklichkeit funktioniert nicht von selbst. Sie braucht ein gezieltes Training, damit die Finger beweglich und koordiniert zum Einsatz kommen können.

In diesem Kapitel können die Kinder spielerisch ihre Fingergeschicklichkeit trainieren.

Fingerspitzengymnastik

Bei diesem lustigen Spiel brauchen die Kinder nicht nur Fingerspitzengefühl, sondern auch ein flinkes Denk- und Umsetzungsvermögen.

Gruppe
Kleingruppe
Alter
4–6 Jahre

MATERIAL

bunte Klebepunkte (in den Farben Weiß, Blau, Gelb, Grün, Rot)

DURCHFÜHRUNG

Wer hat richtig flinke Finger? Das wird sich bestimmt bald herausstellen.
Erzählen Sie den Kindern, dass sie heute eine lustige Fingerspitzengymnastik machen. Wie diese aussieht, werden Sie den Kindern nun am besten zeigen. Kleben Sie ihnen die Klebepunkte auf die Fingerkuppen beider Hände. Die Daumen erhalten beispielsweise den weißen Punkt, die Zeigefinger den roten, die Mittelfinger den blauen, die Ringfinger den gelben und die kleinen Finger den grünen Punkt. Die Farbwahl der Punkte kann natürlich auch anders getroffen werden.
Der weiße Punkt am Daumen ist so etwas wie ein „Fixpunkt", auf den die anderen Finger tippen. Zum Beispiel geben Sie vor: „Dreimal rot auf weiß!" Dann tippen die Kinder beidseitig dreimal mit dem Zeigefinger (roter Punkt) auf den Daumen (weißer Punkt). Die Aufgaben werden im Anschluss mit unterschiedlichen Farben weitergeführt. Wer möchte, kann durch erhöhtes Sprechtempo die Geschwindigkeit und somit den Schwierigkeitsgrad der Fingerbewegungen steigern. Am Anfang ist es jedoch wichtig, langsam zu beginnen, damit die Kinder ihre Fingerkoordination schulen können.

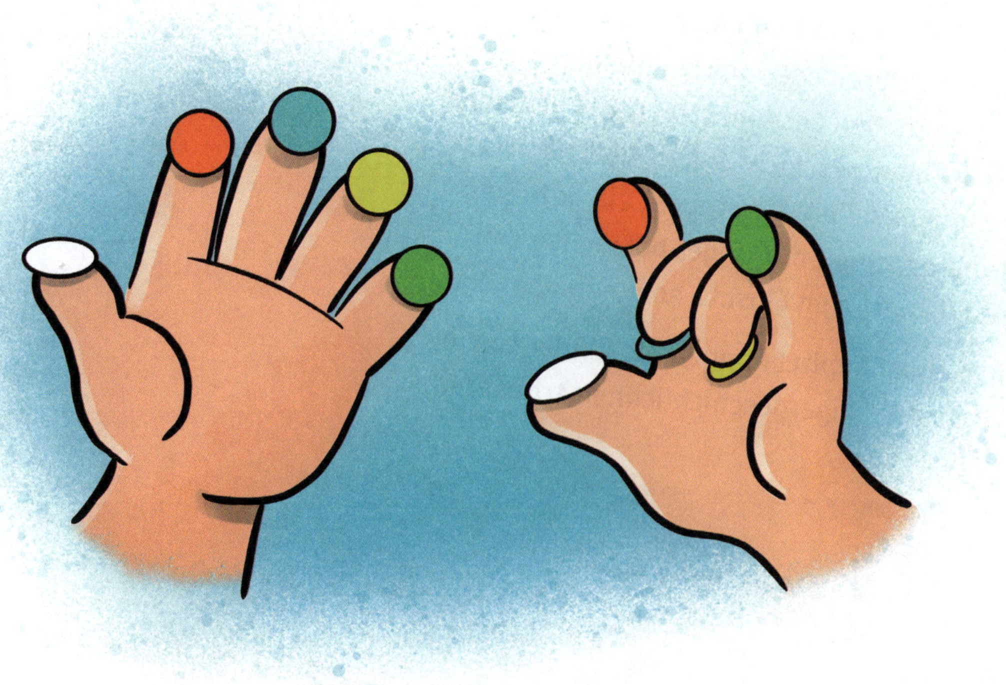

Förderziele: Fingermotorik • Konzentration • Reaktionsvermögen

Gruppe
Kleingruppe
Alter
4–6 Jahre

Bunte Büroklammer-schlange

Auf die Plätze, buntes Geschlängel, los! Hier entstehen farbenfrohe Schlangen, die ein hohes Maß an Fingerfertigkeit erfordern. Und wenn es dabei noch dazu um die Wette geht, bekommt dieses Spiel einen besonderen Reiz.

MATERIAL

bunte Büroklammern • Tablett • weißes Papier • Filzstifte

DURCHFÜHRUNG

Stellen Sie ein Tablett mit vielen bunten Büroklammern in die Tischmitte. Zeichnen Sie vorab auf weißem Papier mit Filzstiften Vorlagen auf, wie die Kinder ihre Büroklammerschlange im Anschluss auffädeln sollen. Dafür malen Sie ca. sechs bunte Ellipsen (in den Farben der Büroklammern), die zu einer gemalten Kette ineinandergreifen. Stellen Sie ca. zehn unterschiedliche Spielkärtchen mit bunten Ketten her, die Sie im Anschluss zu einem Stapel aufeinanderlegen.
Nun finden sich je zwei Kinder zum Spielen zusammen. Ein Kind dreht eine Karte um und legt diese so hin, dass beide Kinder sie gut sehen können. Darauf ist die bunte Schlange aufgemalt, die die Kinder aus den Büroklammern auffädeln sollen. Haben sich die Kinder optisch mit der Farbabfolge ihrer Schlange vertraut gemacht, beginnt der lustige Auffädelwettkampf. Dafür nehmen die Kinder die Büroklammern in der vorgegebenen Farbabfolge vom Tablett und fügen diese zu einer Kette zusammen. Wer schafft es, die Büroklammerschlange zuerst fertigzustellen?

Förderziele: **Fingerfertigkeit • Farbfolgen erkennen**

Riesenwebrahmen

Der klassische Webrahmen ist vielen Kindern ein Begriff. Doch diese Riesenwebrahmen haben einen anderen motorischen Aufforderungscharakter. Man braucht dazu nur einen großen Gymnastikreifen, Wolle und Stoffreste – und schon kann es losgehen!

Gruppe
Kleingruppe
Alter
5–6 Jahre

MATERIAL

Gymnastikreifen • Wolle • Klebeband • Stoffreste • Schere

DURCHFÜHRUNG

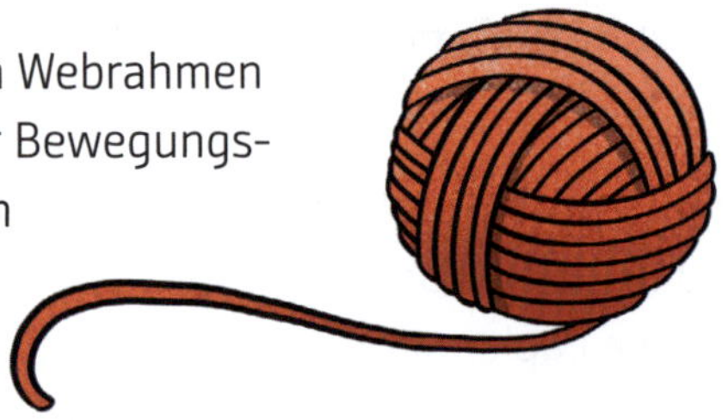

Diese Webrahmen sind etwas ganz Besonderes! Bieten Sie den Webrahmen am besten in einem ruhigen, großen Bereich im Gruppen- oder Bewegungsraum auf dem Boden an. Umwickeln Sie zur Vorbereitung einen Holz- oder Gymnastikreifen mit einer festen Wollschnur, sodass im Reifen ein stabiles und gleichzeitig dichtes Netz entsteht. Zum besseren Halt kann man die Wollschnur am Rand mit Klebebandstücken fixieren. Schneiden Sie gemeinsam mit den Kindern aus mehreren Stoffresten Streifen zurecht, die später im Rahmen verwebt werden. Die Dicke der Streifen sollte etwa 6–8 cm und die Länge 20–30 cm betragen.
Legen Sie die Stoffstreifen direkt neben den Rahmen. Erzählen Sie den Kindern nun, dass sie diesen Riesenwebrahmen nach ihren Vorstellungen beweben dürfen. Demonstrieren Sie mit einem Stoffstreifen, wie das funktioniert. Zunächst wird der Stoffstreifen am inneren Rand des Webrahmens mit einem Ende an einer Wollschnur verknotet. Danach wird dieser einfach durch das gespannte Netz beliebig gewebt und der Stoffstreifen wird mit dem anderen Ende wieder an einer Wollschnur verknotet. Auf diese Weise wird das Netz des Webrahmens bunt verwebt, bis es nahezu lückenlos bestückt ist. Eine große Aufgabe, die die Kinder bestimmt gerne gemeinsam bewältigen.

TIPP Ein Riesenwebrahmen lässt sich auch zwischen zwei Bäumen im Garten oder im Wald spannen. Dort ließen sich Naturmaterialien wie Blätter, Aststücke etc. verweben.

Förderziele: **koordinierte Bewegungsabläufe • Auge-Hand-Koordination**

Klangorchester mit Weingläsern

Gruppe
Kleingruppe
Alter
4–6 Jahre

Musizieren ist etwas Wunderbares, man braucht dafür allerdings auch das richtige Maß an Fingerspitzengefühl. Wer bei der folgenden Übung vorsichtig und kraftdosiert agieren kann, erzeugt damit interessante Klänge!

MATERIAL

Tablett • drei Weingläser • Krug mit Wasser

DURCHFÜHRUNG

Hört ihr, wie es klingt? Um diese Instrumente zum Klingen zu bringen, braucht man geschickte und vor allem achtsame Finger! In einem ruhigen Bereich werden auf einem Tisch ein Tablett mit drei Weingläsern sowie ein Krug mit Wasser bereitgestellt.
Erzählen Sie den Kindern, dass sie heute gemeinsam besondere Klänge mit Weingläsern als Instrumenten erzeugen möchten. Zeigen Sie den Kindern, wie das funktioniert: Schütten Sie dafür Wasser in die Gläser, sodass diese über ein Drittel gefüllt sind. Tauchen Sie anschließend mit dem Zeigefinger in das Wasser und fahren mit der nassen Fingerspitze am Rand des Weinglases entlang. Achten Sie darauf, dass der Rand des Glases nass bleibt. Bestimmt erklingt bald ein Ton. Danach versuchen drei Kinder, ein Klangorchester zu erzeugen. Sie schlüpfen dabei in die Rolle des Dirigenten und zeigen den Kindern mit vorab ausgemachten Handbewegungen, ob sie ein Solo oder gemeinsam spielen sollen. Bestimmt wird dieses Klangexperiment allen große Freude bereiten und spielerisch die Fingermotorik der Kinder schulen.

TIPP Natürlich können die Kinder auch versuchen, das Weinglas mit den anderen Fingern zum Klingen zu bringen. Wer schafft das sogar mit dem kleinen Finger?

Vorsicht, heißer Ballon!

Wenn der heiße Ballon unterwegs ist, kann man ihn nicht mit der ganzen Hand berühren, sonst wird es gefährlich! Ein Spiel, das für Spannung und Spaß sorgt!

Gruppe
Teil- oder Gesamtgruppe
Alter
4–6 Jahre

MATERIAL

roter Luftballon

DURCHFÜHRUNG

Achtung, hier fliegt der heiße Ballon durch die Luft! Stellen Sie sich gemeinsam mit den Kindern im Garten oder Bewegungsraum im Kreis mit genügend Abstand zueinander auf. Zeigen Sie den Kindern den aufgeblasenen roten Ballon und fragen Sie sie, wofür dieser stehen könnte. Lenken Sie die Kinder im Gespräch über die rote Farbe zu Lava oder Feuer, also etwas, das besonders heiß ist. Erklären Sie ihnen, dass man diesen Ballon im Spiel aufgrund der „Hitze" nicht lange in der Hand halten kann und ihn entsprechend schnell von einem zum anderen Spieler weitergeben sollte. Allerdings darf dies nur durch Anstupsen mit den Fingerspitzen passieren. Der Ball soll dabei immer in der Luft bleiben und nicht den Boden berühren. Sind die Spielregeln für alle klar, kann das spannende Ballonspiel beginnen. Schaffen es die Kinder, den heißen Ballon in der Luft zu halten?

VARIATION

Um das Spiel noch spannender und schwieriger zu gestalten, können Sie auch noch einen zweiten oder sogar dritten Ballon ins Spiel bringen. Zudem könnte man vorgeben, mit wie vielen Fingern ein Luftballon berührt werden darf.

Förderziele: Fingermotorik • Reaktionsvermögen • Auge-Hand-Koordination

Gruppe
Kleingruppe
Alter
5–6 Jahre

Der versteckte Wort-Schatz

Das Wühlen im Sand ist sowohl für die taktile Wahrnehmung als auch für die Feinmotorik eine kostbare Sinneserfahrung. Wenn man dies mit gezielter Buchstabensuche verbindet, hat es zudem einen kognitiven Aufforderungscharakter für die Kinder.

MATERIAL

Wanne, gefüllt mit feinem Spielsand • weißes Papier • Filzstifte • Magnet-, Moosgummi- oder Holzbuchstaben

DURCHFÜHRUNG

Schreiben Sie vorab auf weiße Papierkärtchen beliebig kurze Nomen auf und zeichnen Sie daneben ein konkretes Symbol dazu, z. B. das Wort EIMER. Stellen Sie auf diese Weise einige Wortschatzkärtchen her. Richten Sie eine Wanne mit feinem Spielsand her und verstecken Sie darin Holz-, Moosgummi- oder Magnetbuchstaben. Halten Sie zu jedem Kärtchen die passenden Buchstaben bereit. Stellen Sie die oben genannten Materialien in einem ruhigen Bereich im Gruppenraum auf den Boden. Zeigen Sie den Kindern vorab die Sandwanne und lassen Sie sie den Sand einmal mit ihren Händen fühlen. Erklären Sie den Kindern nun, dass sie heute nicht nur den bloßen Sand durch die Finger rieseln lassen, sondern sich gezielt auf die Suche nach Buchstaben begeben werden. Dafür sucht sich zunächst ein Kind ein Wortschatzkärtchen aus. Lesen Sie es gemeinsam mit den Kindern und analysieren Sie dabei auch die einzelnen Buchstaben. Danach schließt das Kind die Augen und Sie verstecken die Buchstaben in der Sandwanne. Nun darf gewühlt werden. Das Kind sieht auf dem Wortkärtchen nach, welcher Buchstabe zuerst gesucht werden soll. Beim Wort EIMER wäre es der Buchstabe E. Bei der Suche im Sand schließt das Kind, wenn es möchte, die Augen, damit das Fühlen intensiver erlebt werden kann. Hat das Kind alle Buchstaben in der richtigen Reihenfolge gefunden, wird das Wort noch einmal am Boden nachgelegt und gemeinsam gelesen. Auf diese Weise setzt man das Spiel mit einem anderen Kind und einem neuen Wort fort.

Förderziele: **Buchstaben taktil erkennen • Fingermotorik**

Knopfschnippen

Gruppe
Kleingruppe
Alter
4–6 Jahre

Hier werden Knöpfe mit Schwung über die Tischplatte transportiert! Für dieses Spiel braucht man wenig Material, dafür aber besonders flinke und geschickte Finger. Jede Menge Spaß ist dabei garantiert!

MATERIAL

einen flachen größeren Knopf • Kreppband

DURCHFÜHRUNG

Bei diesem Spiel bewegt sich ein Knopf mit Schwung über die Tischplatte! Dafür braucht man einen rechteckigen Tisch und einen flachen Knopf. Zeigen Sie den Kindern vorab, wie man mit einer kräftigen und schwungvollen Bewegung den Mittelfinger vom Daumen wegschnippen kann. Lassen Sie die Kinder diese Bewegung erst einmal in der Luft ausprobieren. Legen Sie anschließend den Knopf auf die Tischplatte, ein Kind versucht nun, den Knopf mit den Fingern schwungvoll anzuschnippen. Bestimmt bedarf es am Anfang einiger Versuche, bis die Kinder diese Bewegung schwungvoll und kraftdosiert anwenden können. Anschließend beginnt ein spannendes Spiel. Wer das Spiel als eine Art „Tischfußball" spielen möchte, klebt am Rand der schmalen Seiten des rechteckigen Tisches ein Kreppband der Länge nach auf. Dieses soll das Tor markieren. Anschließend stellen sich zwei Kinder mittig der schmalen Tischkanten auf. Ein Kind erhält den Knopf und beginnt ihn über die Tischplatte in das „Tor" des anderen zu schnippen. Der andere Spieler versucht dies zu verhindern und den Knopf zum anderen Tor zu bewegen. Wer ist der schnellste Knopfschnipper und kann die meisten Tore erzielen?

VARIATION

Man kann das Spiel auch mit Farben spielen. Dabei müssen die Kinder versuchen, einen blauen Knopf auf einen blauen Fotokartonkreis zu schnippen usw.

Förderziele: Fingermotorik • Kraftdosierung

Die sprechende Tastatur

Gruppe
Kleingruppe
Alter
5–6 Jahre

Das Tippen auf einer Tastatur erfordert eine sichere Fingerfertigkeit. Bei diesem Spiel werden die Kinder genau das erfahren, denn die sprechende Tastatur hat genaue Vorstellungen, welcher Finger welchen Buchstaben wie oft antippen soll!

MATERIAL

eine Tastatur oder alte Schreibmaschine

DURCHFÜHRUNG

Das Tippen auf der Schreibmaschine oder Computertastatur ist eine tolle und bereichernde Erfahrung für die Fingerfertigkeit und die Auge-Hand-Koordination und fördert die Kraftdosierung der einzelnen Finger auf besondere Weise. Stellen Sie eine Tastatur oder noch besser eine alte Schreibmaschine in einem ruhigen Bereich auf einen Tisch. Führen Sie zwei Kinder zu dem vorbereiteten Bereich und erklären ihnen die Funktion der Schreibmaschine oder der Tastatur. Geben Sie den Kindern Zeit, die Tastatur genau zu erkunden und Buchstaben darauf zu lesen. Als Nächstes schlüpft ein Kind in die Rolle des Tippers und das andere Kind übernimmt die sprechende Funktion der Tastatur. Die sprechende Tastatur gibt dem Tipper nun vor, mit welchem Finger dieser einen Buchstaben tippen soll. Dabei geht es nicht um das Einhalten des 10-Finger-Systems, die Kinder können nach beliebiger Reihenfolge ihre Fingermotorik auf der Tastatur erproben.
Die sprechende Tastatur gibt dann beispielsweise Folgendes vor: „Tippe mit dem kleinen Finger auf das E, mit dem Zeigefinger auf das A und mit dem Mittelfinger auf das R."
Selbstverständlich können die Kinder auch ganze Wörter oder ihren Namen tippen. Am Computer oder auf dem Papier der Schreibmaschine kann man anhand der geschriebenen Buchstaben kontrollieren, ob die Finger auch richtig getippt haben.

Die kleine Larve mit der Harfe

Gruppe
Kleingruppe
Alter
4–6 Jahre

Diese Harfe sorgt für klangvolles Fingertraining und ist gleichzeitig eine lustige Übung! Die kleine Larve spielt gerne auf dem Instrument, dabei entstehen wunderbare Klänge.

MATERIAL

Holzbilderrahmen (10 × 15 cm) • bunte Gummiringe (rot, gelb, blau, grün)

DURCHFÜHRUNG

Spannen Sie um einen Holzbilderrahmen der Länge nach vier bunte Gummiringe in den Farben Rot, Gelb, Blau und Grün mit etwas Abstand zueinander.
Setzen Sie sich mit max. vier Kindern in einem ruhigen Bereich des Gruppenraumes in den Kreis auf und fragen Sie die Kinder, ob sie das Instrument „Harfe" kennen. Zeigen Sie den Kindern ihren vorbereiteten, bespannten Rahmen und lassen Sie sie der Reihe nach damit experimentieren.
Durch das rasche Ziehen und Wiederloslassen der Gummiringe werden Töne erzeugt. Allerdings muss man dafür achtsam und mit dem gezielten Einsatz des Pinzettengriffes an den Gummiringen ziehen. Zu folgendem Spruch können die Kinder ihr Harfenspiel nach einer bestimmten Vorgabe spielen:

Die geschickte Larve
spielt auf ihrer Harfe.
Hört euch einmal an,
wie sie spielen kann …

Ein Kind sagt nun die Anzahl und die Farbreihenfolge des Anspielens der bunten Gummiringe an, die die „Larve" (das Kind mit der Harfe) einhalten soll, z. B.: „Spiele dreimal rot, sechsmal gelb und viermal blau." Das Spiel wird auf diese Weise fortgesetzt, bis jedes Kind einmal die Harfe spielen konnte.

Förderziele: Fingerfertigkeit • Pinzettengriff

Knallkönig

Gruppe
Teil- oder Gesamtgruppe
Alter
4–6 Jahre

Luftpolsterfolie fordert regelrecht dazu auf, sie zu zerdrücken und dadurch zum Knallen zu bringen. Bei diesem Spiel dürfen die Kinder den Pinzettengriff auf kraftvolle Weise üben und knallende Geräusche dabei erzeugen.

MATERIAL

Luftpolsterfolie

DURCHFÜHRUNG

Wer hat denn hier so laut geknallt? Der Knallkönig in der Kreismitte wird das bestimmt schnell herausfinden! Schneiden Sie vorab eine Rolle Luftpolsterfolie in so viele kleine Rechtecke (ca. 10 × 10 cm), wie Kinder am folgenden Spiel teilnehmen.

Für dieses Spiel sitzen die Kinder im Kreis auf dem Boden. Die Kinder erhalten je ein Stück der vorbereiteten Luftpolsterfolie. In der Kreismitte sitzt ein Kind, das in die Rolle des Knallkönigs schlüpft und die Augen geschlossen hält. Dieser hat eine besondere Gabe: Er hört jeden Knall und kann durch genaues Hinhören erkennen, von wem er erzeugt wurde. Berühren Sie ein Kind an der Schulter, das im Anschluss mit den Fingern die Luftpolsterfolie zerdrückt und dadurch ein Knallgeräusch erzeugt. Der Knallkönig muss nun erraten, von wem der Knall stammt. Hat er richtig geraten, werden die Rollen getauscht und ein neuer Knallkönig wird gekürt. Ansonsten probiert er es noch ein weiteres Mal.

Der Knallkönig kann vor dem Knall folgenden Spruch aufsagen:

Gleich hör ich einen Knall!
Woher stammt dieser Schall?

VARIATION

Ein lautes Knallkonzert als krönender Abschluss macht den Kindern sehr viel Freude! Fordern Sie die Kinder auf, alle gleichzeitig und so oft sie können auf ihrer Luftpolsterfolie zu knallen.

Förderziele: **Pinzettengriff • Kraftdosierung**

Stecknadeln versenken

Diese Stecknadeln kann man im Nu versenken! Dafür braucht man nur etwas Fingerspitzengefühl, Kraft und die richtige Farbe!

Gruppe
Kleingruppe
Alter
4–6 Jahre

MATERIAL

Styropor- oder Dämmplatte • bunte Stecknadeln • Farbwürfel

DURCHFÜHRUNG

Stecken Sie viele bunte Stecknadeln mit ausreichend Abstand zueinander in eine dicke Styroporplatte (Dicke ca. 10 cm), sodass nur ein Drittel der Nadellänge versenkt ist. Die Farbe der Stecknadelköpfe soll dabei den Farben eines Farbwürfels entsprechen.
Legen Sie die Styroporplatte mit den Stecknadeln sowie einen Farbwürfel auf einen Tisch. Dieses Spiel wird am besten zu zweit gespielt. Ein Kind würfelt eine Farbe und beide Kinder müssen blitzschnell versuchen, die Nadeln in der gewünschten Farbe auf ihrer Seite in der Styroporplatte zu versenken. Sind alle Nadeln versenkt, ist das Spiel zu Ende.

VARIATION

Möchte man dem Spiel einen Wettkampfcharakter verleihen, kann man mit einem aufgeklebten Isolierband zwei gleich große Spielfelder auf der Styroporplatte vorbereiten. In jede Spielhälfte wird dieselbe Anzahl von bunten Nadeln gesteckt. Wer möchte, kann zum Farbwürfel auch einen Augenwürfel beigeben und muss die entsprechende Anzahl an blauen, roten etc. Stecknadeln versenken. Nun wird gewürfelt. Wer schafft es, all seine Nadeln zuerst im Styropor zu versenken?

Förderziele: Fingerspitzengefühl • Kraftdosierung • Reaktionsvermögen

Spaß ohne Ende für die Hände –

Heitere Spiele für die Handmotorik

Eine gut ausgebildete Handmotorik spielt nicht nur für die motorische Entwicklung von Kindern eine bedeutende Rolle, sondern auch für eine gesunde psychische Entwicklung. So erleben Kinder durch eine gut entwickelte Handmotorik ein hohes Maß an Selbstwirksamkeit, was wesentlich zu ihrem ganzheitlichen Wohlbefinden beiträgt.

In diesem Kapitel erwarten sie lustige Spiele, die jede Menge Spaß machen und ihnen Körperkoordination abverlangen.

Klatsch-Patsch-Quatsch

Klatsch, Patsch oder doch Quatsch? Hier kommen beide Hände in Schwung, doch auch die Ohren und das Köpfchen müssen achtsam bei der Sache sein.

Gruppe
Kleingruppe
Alter
4–6 Jahre

DURCHFÜHRUNG

Hier wird flink gepatscht, geklatscht oder die Hände müssen schnell pausieren, und das abwechselnd! Für dieses Spiel setzen sich zwei Kinder einander gegenüber auf einen Sessel. Ein Kind ist der Spielleiter und sagt eine beliebige Reihenfolge, z. B.: „Patsch, Klatsch, Klatsch, Patsch, Patsch, Quatsch!" Bei „Klatsch" klatschen beide Kinder in die Hände des anderen. Bei „Patsch" patschen sie auf die eigenen Oberschenkel und bei „Quatsch" werden die Hände blitzschnell hinter dem Rücken versteckt. Wie oft schaffen die Kinder die richtigen Bewegungen? Natürlich werden die Rollen der Spielleiter auch einmal getauscht.

VARIATION

Falls diese drei Bewegungsmuster zu einfach sind, kann man z. B. auch noch das „Schnips" einbauen, bei dem die Kinder mit ihren Fingern schnipsen müssen. Möchte man zudem die Beine aktivieren, kann auch ein „Stampf", was beidbeiniges Stampfen bedeutet, eingebaut werden. Der Bewegungsfantasie sind bei diesem Spiel keine Grenzen gesetzt.

Förderziele: **Reaktionsvermögen • Hand-Koordination • auditive Wahrnehmung**

Geschickte Bäcker

Gruppe
Teil- oder Gesamtgruppe (mind. 8 Kinder)
Alter
4–6 Jahre

Diese Bäcker haben alles im Griff – sogar dann, wenn sie Backhandschuhe anhaben. Bei diesem Wettlaufspiel muss man sich nicht nur auf flinke Beine, sondern vor allem auf geschickte, koordinierte Hände verlassen können!

MATERIAL

2 Paar Backhandschuhe • 6 Plastikeier • 4 flache Plastikschüsseln • Kreide

DURCHFÜHRUNG

Markieren Sie mit Kreide eine Startlinie auf dem Boden. Stellen Sie zwei Plastikschüsseln im Abstand von ca. 4 Metern nebeneinander auf diese Linie. In ca. 6 Metern Entfernung stellen Sie zwei weitere Plastikschüsseln parallel zu den anderen beiden Schüsseln auf.
Ein wichtiges Werkzeug für Bäcker sind die Backhandschuhe, mit denen man heiße Gegenstände transportieren kann. Bei diesem Spiel muss der Bäcker damit heiße Eier sicher von einer Stelle zur anderen bringen. Spielen Sie das Spiel entweder im Garten oder im Bewegungsraum. Erzählen Sie den Kindern, dass bei diesem Wettspiel immer zwei Kinder/Bäcker gegeneinander antreten. Dafür werden zwei Gruppen gebildet und die Kinder stellen sich in einer Schlange hinter der Startlinie auf. Nun erhalten die ersten beiden Kinder je ein Paar Backhandschuhe. Mit ihren Händen formen die Kinder eine Schale, in die Sie je drei Plastikeier legen.
Ist alles vorbereitet, kann das Geschicklichkeitswettspiel beginnen. Nach einem Startsignal müssen die Kinder ihre Eier in den Händen zur entfernten Plastikschüssel bringen und diese dort hineinlegen. Beim Zurückgehen werden die Backhandschuhe an das nächste Kind in der Schlange überreicht und dieses Kind versucht nun, die Eier aus der Schüssel zu nehmen und zur gegenüberliegenden Plastikschüssel zu befördern. Danach werden die Backhandschuhe an das nächste Kind abgegeben. Das Spiel wird so lange fortgesetzt, bis alle Kinder an der Reihe waren. Welche Bäckergruppe wird wohl gewinnen?

Förderziele: **Auge-Hand-Koordination • Reaktionsvermögen • Konzentration**

Bunter Wäsche-klammerspaß

Gruppe
Kleingruppe
Alter
4–6 Jahre

Auch das Hantieren mit Wäscheklammern muss geübt werden. Schafft man es beidhändig, ist man ein wahrer Profi. Bei diesem Spiel wird die Motorik beider Hände gezielt angesprochen und der Pinzettengriff gefestigt.

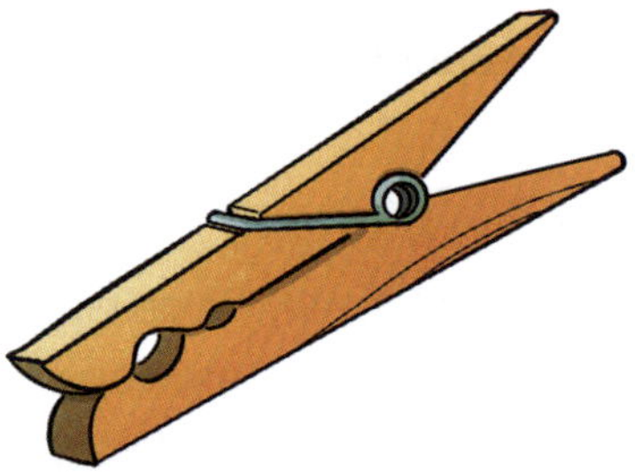

MATERIAL

eine Wollschnur • 36 bunte Wäscheklammern (in den Farben des Farbwürfels und 6 Stück pro Farbe) • Farbwürfel • 6 Chiffontücher (in den Farben des Farbwürfels)

DURCHFÜHRUNG

Spannen Sie eine längere Wollschnur quer über einen größeren Bereich des Gruppenraumes und verknoten Sie die Enden an einer gut haltbaren Stelle (z. B. an einem Griff eines Regals oder eines Fensters). Stellen Sie einen Farbwürfel, bunte Wäscheklammern und Chiffontücher in den Farben des Farbwürfels zur Verfügung. Befestigen Sie die bunten Chiffontücher mit einem Ende mithilfe einer Wäscheklammer an der Wollschnur.
Bei diesem bunten Wäscheklammerspiel würfelt ein Kind zunächst mit dem Farbwürfel. Je nachdem, welche Farbe gewürfelt wurde, klippt es beidhändig zwei bunte Wäscheklammern auf das farblich passende Chiffontuch. Eine motorische Herausforderung, die die Kinder bestimmt geschickt meistern. Bei diesem Spiel haben alle Kinder gemeinsam dann gewonnen, wenn keine Wäscheklammern mehr übrig sind.

VARIATION

Möchte man ein Wettspiel machen, können je zwei Kinder gegeneinander antreten. Ihnen werden zu Beginn bestimmte Farben der Chiffontücher zugeteilt und je nachdem welche Farbe gewürfelt wird, werden die entsprechenden Wäscheklammern an den Tüchern befestigt. Wer wird seine Klammern wohl als Erster an den Tüchern befestigt haben?

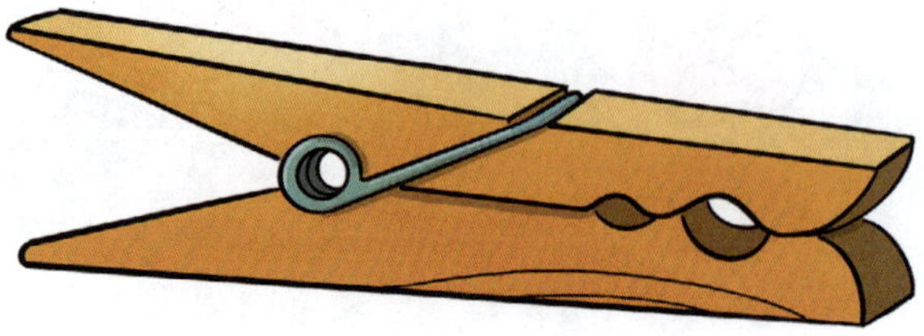

Förderziele: Pinzettengriff • Farben erkennen

Triff die rote Büchse!

Gruppe
Kleingruppe
Alter
4–6 Jahre

Um das altbekannte Büchsenwurfspiel etwas interessanter zu gestalten, müssen die Kinder diesmal eine ganz bestimmte Büchse treffen, nämlich die rote.

MATERIAL

10 Blechbüchsen • rote Acrylfarbe • 1 Tennisball • Kreide

DURCHFÜHRUNG

Stellen Sie im Garten einen Tisch auf, auf den sie die zehn Büchsen nebeneinander aufstellen können. Bemalen Sie zuvor eine der Dosen mit der roten Acrylfarbe. Legen Sie zudem einen Tennisball bereit und markieren Sie mit Kreide im Abstand von ca. 2 Metern eine Startlinie.

Zeigen Sie den Kindern den vorbereiteten Bereich im Garten und erklären Sie ihnen den Spielablauf. Das klassische Büchsenschießen wird vielen Kindern bekannt sein. Doch dieses Mal müssen die Kinder eine ganz bestimmte Büchse treffen, nämlich die rote. Dafür stellt sich ein Kind an die Startlinie und versucht, mithilfe des Tennisballes die rote Büchse zu treffen. Die Kinder haben je drei Versuche, bis der nächste Spieler an der Reihe ist. Wer schafft es, die rote Büchse als Erster zu treffen?

VARIATION

Wer den Spielablauf etwas schwieriger gestalten möchte, kann auch noch weitere rote Büchsen einbauen. Dann haben die Kinder mehrere Ziele vor Augen, die sie nacheinander treffen müssen.

Förderziele: **Auge-Hand-Koordination • Kraftdosierung**

Ziehfloß

Bei dieser Aktion kann man sich durch den Einsatz der eigenen Körperkraft in Windeseile zu einem anderen Ort bewegen. Die Kinder werden garantiert gerne die Kräfte ihrer Hände und Arme walten lassen!

Gruppe
Kleingruppe
Alter
4–6 Jahre

MATERIAL

dickes, längeres Seil • Decke

DURCHFÜHRUNG

Dieses Spiel eignet sich am besten im Bewegungsraum, da man dafür viel Platz benötigt. Verknoten Sie dafür ein stabiles, längeres Seil an fixen Stellen (z. B. einer Sprossenwand) mit beiden Enden quer über den Raum. Das Seil sollte dabei ungefähr in Ihrer Bauchhöhe angebracht werden. Legen Sie neben das Seil eine Decke, die gut und leicht über den Boden gleitet.
Dieses Ziehfloß bringt einen im Nu von einem Ende ans andere! Zeigen Sie den Kindern die vorbereitete Umgebung im Bewegungsraum und erzählen Sie ihnen, dass dies ein Ziehfloß darstellen soll. Lassen Sie die Kinder überlegen, was man unter einem Ziehfloß verstehen könnte. Bestimmt werden die Kinder Ideen dazu haben. Anschließend demonstriert ein Kind, wie dieses Floß funktioniert. Dafür stellt es sich auf die Decke direkt neben einem Seilende, fasst dieses mit beiden Händen und versucht, sich mittels ziehender Handbewegungen fortzubewegen. Bestimmt wird es am Anfang etwas Zeit benötigen, bis die Kinder den Dreh bzw. Zug kennenlernen. Geht es vielleicht einfacher, wenn man übergreifende Handbewegungen macht?

VARIATION

Natürlich kann das Ziehspiel auch als Transportspiel gespielt werden, bei dem Gegenstände von einem Ende des Raumes zum anderen transportiert werden. Ebenso kann man Zahlen oder Buchstaben mit dem Ziehfloß befördern und daraus eine Zahlenabfolge oder ein Wort legen. Der Fantasie sind keine Grenzen gesetzt.

Förderziele: Ziehkräfte der Arme und Hände trainieren • Handmotorik

Hüpfspaß

Gruppe
Kleingruppe
Alter
5–6 Jahre

Abwechselnd mit den Händen einen Ball zu trippeln ist gar nicht so einfach. Doch die Kinder werden diese motorische Herausforderung bestimmt im Nu schaffen!

MATERIAL

Ball • Kreide

DURCHFÜHRUNG

Malen Sie auf einer asphaltierten oder gepflasterten Fläche mit Kreide ein Himmel-und-Hölle-Hüpfspiel bzw. einen Hickelkasten auf.
Zeigen Sie den Kindern den aufgemalten Kasten. Die Kinder werden dieses Spiel bestimmt kennen. Heute kommt jedoch ein Ball ins Spiel, sodass die Kinder nicht nur ihre Beine, sondern vermehrt ihre Arme und Hände bewegen. Dafür nimmt ein Kind den Ball in die Hand und dribbelt diesen beim ersten Feld mit der Nummer 1 einmal auf den Boden. Dann geht es weiter zum zweiten Feld, wo der Ball zweimal gedribbelt wird usw. Die Kinder werden mit dem Ball am Anfang noch langsamer hantieren, bis sie zu richtig schnellen und sicheren Dribbelbewegungen übergehen. Achten Sie darauf, dass die Kinder die Armbewegungen beim Dribbeln auch abwechselnd ausführen, das fördert das motorische Armgeschick beidseitig zusätzlich.

VARIANTE

Natürlich könnte man das Dribbeln auch mit einer Stoppuhr stoppen. Wer schafft es, den Ball am schnellsten vom ersten bis zum zehnten Kästchen zu bewegen?

Förderziele: **kraftdosierte Armbewegungen • Schnelligkeit • Reaktionsvermögen**

Wettlauf der Schnecken

Von wegen lahme Schnecke! Hier bewegen sich die kleinen Tiere blitzschnell in ihre Häuser. Die Kinder werden bei diesem Aufrollspiel ihre Hand- und Fingerfertigkeit besonders rasch und gezielt einsetzen. Welche Schnecke wird wohl die schnellste sein?

Gruppe
Kleingruppe
Alter
4–6 Jahre

MATERIAL

zwei Rollen Toilettenpapier • Filzstift

DURCHFÜHRUNG

Diese Schnecken sind flink unterwegs und wollen nur eines: So schnell wie möglich zurück in ihr Häuschen schlüpfen! Rollen Sie zwei Toilettenpapierrollen ca. 3 Meter aus und malen Sie ans Ende des Papiers mit einem Filzstift einen Schneckenkopf und zwei Fühler auf.
Spielen Sie das lustige Schneckenwettspiel im Garten oder im Bewegungsraum, denn dafür braucht man Platz. Markieren Sie mit Kreide eine Linie, auf der sich zwei Kinder im Abstand von ca. 2 Metern nebeneinander aufstellen. Nun fassen die Kinder die ausgerollten Toilettenpapierrollen mit beiden Händen. Erzählen Sie den Kindern, dass sie im Spiel zwei Schnecken sind, die so rasch wie möglich in ihre Häuser schlüpfen möchten. Bei einem beliebigen Startsignal rollen die Kinder ihre Schnecken (die Toilettenpapierrolle) so flink sie nur können auf. Welche Schnecke wird wohl zuerst ihr Haus erreichen?

TIPP Wenn die Kinder mit der rollenden Bewegung anfangs Schwierigkeiten haben sollten, kann man die Rollen auch auf eine niedrig gesetzte Vorhangstange oder auf ein anderes Rundholz, das in Kinderhöhe angebracht ist, hängen.

Förderziele: **Handbeweglichkeit • Auge-Hand-Koordination**

Der Schatz im Eismeer

Gruppe
Kleingruppe
Alter
4–6 Jahre

Das Eismeer ist eine eiskalte Angelegenheit. Doch wenn sich die Kinder auf Schatzsuche begeben, dann schrecken sie auch vor kalten Gewässern nicht zurück …

MATERIAL

größere Plastikwanne • Eiswürfel • mehrere Cent-Münzen • Schere • Handtuch • Abdeckfolie (zum Ausmalen) • mehrere Cent-Münzen

DURCHFÜHRUNG

Füllen Sie in eine größere Plastikwanne kaltes Wasser und geben Sie zudem einige Eiswürfel hinein. Schneiden Sie mit einer Schere in eine Plastikabdeckfolie (zum Ausmalen) zwei Löcher, die so groß sind, dass Kinderhände gut durchpassen. Zuletzt werden noch einige Cent-Münzen in die Plastikwanne geworfen und die Abdeckfolie auf das Wasser gelegt.
Erzählen Sie den Kindern, dass sie sich heute gemeinsam auf eine besonders interessante Schatzsuche im kältesten Gewässer, nämlich dem Eismeer, begeben werden. Dort ist das Wasser nicht nur kalt, sondern eiskalt und man spürt sogar Eisbrocken. Ermutigen Sie nun ein Kind, mit beiden Armen in die Öffnung des Eismeeres zu greifen und nach dem verborgenen Schatz zu suchen. Bestimmt wird das kalte Wasser eine taktile Herausforderung darstellen, aber gemeinsam werden es die Kinder schaffen, den gesamten Schatz zu finden!

VARIATION

Natürlich kann man auch andere Gegenstände aus dem Eismeer fischen. Da die Kinder in das Wasser nicht hineinsehen können, kann man auch ein Suchspiel machen und ein Kind beschreibt dem anderen Kind, welchen Gegenstand es finden soll.

Förderziele: **taktile Wahrnehmung • Fingerbeweglichkeit**

Blinde Tastpfade

Hier wird sich blind und tastend im Raum orientiert! Bei dieser dunklen Expedition werden sich die Kinder gezielt auf das Fühlen mit beiden Händen konzentrieren.

Gruppe
Kleingruppe
Alter
4–6 Jahre

MATERIAL

Rasenteppichstücke

DURCHFÜHRUNG

Schneiden Sie aus einem alten Rasenteppich Streifen in unterschiedlichen Größen und Formen zurecht. Zum Legen von individuellen Pfaden eignen sich diese wunderbar, da sie weich zu begehen und vor allem rutschfest sind.
Legen Sie im Bewegungsraum gemeinsam mit den Kindern aus den Teppichresten kreuz und quer im Raum einen Weg auf. Achten Sie dabei darauf, dass der Pfad auch manchmal unterbrochen ist. Dunkeln Sie dann den Raum so gut wie möglich ab. Sobald alles vorbereitet ist, erzählen Sie den Kindern im noch belichteten Raum, dass sie heute ein besonderes Tastexperiment vorhaben. Die Kinder werden sich dabei auf allen Vieren auf dem vorgegebenen Pfad fortbewegen. Allerdings wird der Raum dabei so dunkel sein, dass die Kinder den Weg vorab mit ihren Händen ertasten müssen, um zu wissen, wohin er sie führt. Das Erkunden dieser Wege wird gewiss eine spannende Angelegenheit!

TIPP Wenn Kinder Angst in der Dunkelheit haben, dann stellen Sie ihnen eine Taschenlampe zur Verfügung, denn nicht jeder fühlt sich in einem abgedunkelten Raum wohl und sicher.

Förderziele: **Tastsinn • Handmotorik • Achtsamkeit**

Wasserbombenmonster

Gruppe
Gesamtgruppe
Alter
4–6 Jahre

Wasserbomben sind eine feine Sache und die Kinder können es meistens kaum erwarten, bis sie platzen! Doch bei diesem Spiel geht es darum, die schwabbelig-kalten Wasserbombenmonster sicher zu transportieren.

MATERIAL

Luftballons • schwarzer Eddingstift

DURCHFÜHRUNG

Die Kinder malen vorab mit einem Edding ein gruseliges Monstergesicht auf die Außenseite eines Luftballons. Anschließend werden die Luftballons mit Wasser gefüllt, an der Öffnung fest verknotet und in einen Eimer gelegt.
Spielen Sie das Spiel mit den Kindern am besten im Garten. Die Kinder setzen sich auf der Wiese in einen Kreis. Der Eimer mit den Wasserbombenmonstern steht in der Mitte. Ein Kind nimmt nun vorsichtig einen Ballon aus dem Eimer und lässt ihn zu folgendem Spruch vorsichtig von einem Kind zum anderen im Kreis wandern. Aber Vorsicht, das Monster soll dabei nicht auf den Boden fallen! Wenn doch, wird das Spiel zu einem nassen Unterfangen!

Monster, Monster, du musst wandern,
von der einen Hand zur andern.
Schwabbelig, kalt und nass,
das ist ein wahrer Spaß!

Förderziele: **Handmotorik • Achtsamkeit**

Rollende Murmel

Diese Murmel rollt schnell, darf aber dennoch nicht entkommen! Bei diesem Geschicklichkeitsspiel brauchen die Kinder ruhige und kontrollierte Armbewegungen.

Gruppe
Kleingruppe
Alter
4–6 Jahre

MATERIAL

Schuhkartondeckel • Murmel • Schere

DURCHFÜHRUNG

Dieses Geschicklichkeitsspiel kann man jederzeit ungezwungen im Alltag anbieten. Schneiden Sie in den Deckel eines Schuhkartons mit einer Schere vier Löcher, deren Durchmesser so groß ist, dass eine Murmel hindurchpasst.
Zeigen Sie den Kindern den Schuhkarton und legen Sie eine Murmel in diesen. Nun nimmt ein Kind den Karton mit beiden Händen und versucht, die Murmel darin rollen zu lassen. Allerdings darf die Kugel dabei nicht durch ein Loch flutschen. Eine spannende Angelegenheit, die koordinierte und achtsame Armbewegungen der Kinder erfordert!

VARIATION

Möchte man das Spiel erschweren, kann man in den Deckel des Schuhkartons auch Zahlen von 1–10 schreiben, die gut verteilt sein sollten. Die Kinder haben die Aufgabe, die Kugel, in der richtigen Zahlenabfolge von einer Zahl zur nächsten rollen zu lassen. Auch dabei darf die Kugel nicht durch ein Loch entkommen.

Förderziele: Auge-Hand-Koordination • Achtsamkeit

Auf die Schnelle: Strich, Punkt und Welle! –

Spannende Übungen für die Fein- und Grafomotorik

In der Grafomotorik spiegelt sich das höchste Maß an feinmotorischer Leistung wider. Doch eine koordinierte Beweglichkeit der Finger und eine adäquate Kraftdosierung allein reichen nicht aus. Auch der Sehsinn und eine gute Auge-Hand-Koordination spielen eine wichtige Rolle.

Mit den folgenden Impulsen werden die Kinder dazu animiert, ihre grafomotorische Geschicklichkeit gerne und mit spielerischem Lerngenuss zu trainieren.

Geometrische Papierspiralen

Gruppe
Kleingruppe
Alter
5–6 Jahre

Das Schneiden mit der Schere erfordert koordinierte Hände sowie die richtige Kraftdosierung der Finger. Die folgenden geometrischen Muster sorgen für ein einschneidendes Feinmotorik-Erlebnis.

MATERIAL

bunten Fotokarton • Schere

DURCHFÜHRUNG

Sprechen Sie vorab mit den Kindern über geometrische Formen. Lassen Sie sie die Formen Dreieck, Kreis und Rechteck anhand konkreter Beispiele erkunden, z. B. Spielmaterialien in der Gruppe, und analysieren sie gemeinsam die Eigenschaften. Danach geht es zur zweidimensionalen Darstellung mit der Schere über. Stellen Sie den Kindern dafür Scheren und bunten Fotokarton zur Verfügung. Die Kinder zeichnen nun frei Hand eine dieser Formen großflächig auf dem bunten Fotokarton auf. Anschließend schneiden sie die Form rundum aus und gestalten im nächsten Schritt daraus mit der Schere eine geometrische Papierspirale. Dafür schneiden die Kinder entlang ihres geometrischen Fotokartons an der Innenseite, ca. 2 cm vom äußeren Rand entfernt, rundum immerzu entlang, bis sie am kleinsten Mittelpunkt angekommen sind. Im Nu ist eine Spirale entstanden, die einem geometrischen Muster folgt. Diese kann anschließend als Dekoration aufgehängt werden und der Betrachter muss genau hinsehen, um die ursprüngliche Form zu erkennen.

VARIATION

Das Schneiden von geometrischen Mustern kann auch ohne Spiralen fortgesetzt werden. So gestalten die Kinder beispielsweise ein Plakat, auf dem sie vorab unterschiedlich große Dreiecke, Rechtecke und Kreis aus Buntpapier ausschneiden und zu Mustern oder einfach kreuz und quer auf einem Packpapier aufkleben. Der Fantasie sind keine Grenzen gesetzt.

Förderziele: Umgang mit der Schere • geometrische Formen kennenlernen

Bunter Stift-Tornado

Gruppe
Kleingruppe
Alter
4–6 Jahre

Diese Tornados sind herrlich bunt anzusehen und richten zudem keinen Schaden an! Ein schwungvolles Farbexperiment, das den Kindern gewiss Freude bereiten wird.

MATERIAL

mehrere Filz- oder Buntstifte • Gummiring • großen Papierbogen

DURCHFÜHRUNG

Beziehen Sie die Kinder in die flinke Vorbereitung ein. Legen Sie am Boden in einem Raum, in dem viel Platz ist, Packpapier aus. Lassen Sie die Kinder fünf bunte Filz- oder Buntstifte mit einem Gummiring zusammenfügen und gut fixieren. Der Gummiring sollte mehrfach über die Stifte gespannt werden, sodass diese gut zusammenhalten.
Hier wirbeln bunte Tornados! Setzen Sie sich mit den Kindern rund um das vorbereitete Packpapier auf den Boden und erzählen Sie den Kindern, dass sie mit den zusammengebundenen Stiften heute ein tolles und wirbelndes Farbenspiel spielen werden. Sprechen Sie auch darüber, was die Kinder unter dem Begriff „Tornado" verstehen. Bestimmt werden die Kinder auf Wirbelsturm oder Ähnliches kommen. Ein Wirbelsturm oder Tornado zeichnet sich durch immerzu kreisende schnelle Bewegungen aus. Und genauso wird heute mit den bunten Stiften auf dem Papier gemalt. Folgender Spruch ermutigt die Kinder, ihre bunten Tornados mit Schwung auf dem Papier zu hinterlassen:

Wirbel, wirbel, schnell im Kreise, Tornados sind ja gar nicht leise!
Ich sehe ihn, den bunten Sturm, er wirbelt ganz schnell um den Turm.
Er wirbelt rund und wirbelt schnelle, er dreht sich kreisend auf der Stelle.
Er fegt nun übers ganze Land und wirbelt auf den feinen Sand!
Dann wird er plötzlich richtig leise und macht nun nur noch kleine Kreise.
Irgendwann ist er dann weg, übrig bleibt ein bunter Fleck.

Förderziele: Auge-Hand-Koordination • gezielte Stiftführung

Punktlandung

Auf die Stifte, fertig, los! Bei diesem Spiel braucht man ein flinkes Händchen: Wer ist der Punkte-Verbindungsmeister und schafft es auf die Schnelle, alle Punkte auf dem Papier über Bleistiftlinien miteinander zu verbinden?

Gruppe
Kleingruppe
Alter
4–6 Jahre

MATERIAL

weißes Papier • Stifte

DURCHFÜHRUNG

Wer kann am schnellsten alle Punkte miteinander verbinden? Dieses Spiel braucht wenig Material, sorgt aber dennoch für spannende Momente! Die Kinder sitzen an einem Tisch und erhalten von Ihnen je ein weißes DIN-A4-Blatt und einen Bleistift. Vorab malen die Kinder auf ihrem Papier kreuz und quer 15 Punkte auf. Diese sollen nicht zu groß und auch nicht zu klein ausfallen. Man soll sie gut erkennen und sehen können. Dann kann das Verbindungsspiel beginnen. Die Kinder haben nun die Aufgabe, so schnell wie möglich alle Punkte miteinander zu verbinden und dabei keinen einzigen auszulassen. Diese Aufgabe klingt einfach, stellt aber dennoch eine grafomotorische Herausforderung dar. Zudem darf man den Stift nicht absetzen und die Linien müssen miteinander verbunden sein. Da das Spiel als Wettspiel für mehr Spannung sorgt, geben sie über ein Zeichen oder einen kurzen Spruch wie „Auf die Stifte, fertig, los!" ein Startsignal. Welcher Zeichner schafft es, als erster alle Punkte zu verbinden?

VARIANTE

Das Verbinden von Punkten ist immer eine spannende Sache, vor allem dann, wenn sich auch konkrete Muster ergeben. Die Kinder können versuchen, selbst gepunktete Malvorlagen zu gestalten, bei denen durch Verbinden der Punkte eine Sonne, ein Haus, ein Auto etc. entsteht. Die Kinder werden bestimmt viele Ideen haben.

Förderziele: gezieltes Zeichnen von Linien • korrekte Stifthaltung

Blinde Maler

Gruppe
Kleingruppe
Alter
5–6 Jahre

Für das Schreiben und Malen ist nicht nur eine ausgeprägte Hand- und Fingermotorik wesentlich, sondern auch ein guter Sehsinn. Fehlt Letzteres, stellt es eine große Herausforderung dar, sein grafomotorisches Geschick unter Beweis zu stellen.

MATERIAL

Malvorlagenkärtchen mit unterschiedlichen Mustern • Papier • Buntstifte oder Filzstifte

DURCHFÜHRUNG

Gestalten Sie vorab mit den Kindern unterschiedliche Malvorlagen mit einfachen Mustern. Dafür malen die Kinder auf kleinen Zetteln beispielsweise ein Haus, eine Blume, einen Baum, ein Auto etc. auf. Stellen Sie außerdem Papier und Stifte zur Verfügung und dunkeln Sie einen Raum so gut es geht ab.

Erzählen Sie den Kindern, dass sie heute etwas Spannendes vorhaben, und fragen Sie sie, was man zum Malen alles benötigt. Bestimmt sagen die Kinder „Stifte und Papier". Führen Sie die Kinder im Gespräch auch zu den körperlichen Voraussetzungen, die man für das Hantieren mit Stift und Papier benötigt, so auch den Sehsinn. Und genau diesen Sinn werden die Kinder heute gezielt „ausschalten" und sich, wenn sie möchten, auf eine „blinde" Malerei einlassen. Zeigen Sie den Kindern die vorbereiteten Malvorlagen. Ein Kind sucht sich nun gezielt eine Vorlage aus und betrachtet diese genauer. Hat es sich die Vorlage gut eingeprägt, betritt das Kind den abgedunkelten Bereich. Im Dunkeln bekommt das Kind nun ein Blatt Papier auf den Boden vor sich hingelegt sowie einen Stift in die Hand gegeben. Nun versucht das Kind, das zuvor gesehene Bild so gut wie möglich wiederzugeben. Ein spannendes und schwieriges Malerlebnis! Ist das Kind mit dem Malen fertig, wird das Werk im hellen Raum betrachtet. Kommt die Darstellung der Malvorlage nahe?

Förderziele: **Grafomotorik schulen • Konzentration • Merkfähigkeit**

Die sind in Form!

Wellig, eckig, rund, gerade – es gibt viele Möglichkeiten, wie man mit Materialien kreativ hantieren und aus diesen etwas gestalten kann. Neben kreativen Fantasien wird hier aber auch die Fein- und Grafomotorik der Kinder gefördert.

Gruppe
Kleingruppe
Alter
4–6 Jahre

MATERIAL
Knete • Pfeifenputzer • Papier • Stifte

DURCHFÜHRUNG
Eckig, rund, wellig oder alles in einem?! Heute werden die Kinder mit ihren geschickten Fingern zu wahren Kreativmeistern. Bei dieser Aktion spielen zwei Kinder miteinander. Stellen Sie den Kindern die Materialien bereit und ermutigen Sie ein Kind, aus einem oder mehreren Pfeifenputzern etwas Beliebiges zu formen. Es muss sich dabei nicht um eine konkrete Darstellung handeln, sollte aber von der Gestaltung her abwechslungsreich geformt sein. So formt das Kind beispielsweise aus dem Pfeifenputzer eine Welle, die sich am Ende zu einer Spirale eindreht. Das andere Kind darf nun die Form mit den Fingern ertasten und diese genau betrachten. Im Anschluss daran versucht es, die vorgegebene Form mit der Knete nachzukneten und zu guter Letzt mit Stift und Papier nachzuzeichnen. Wird es gelingen, die vorgegebene Form bis ins Detail nachzustellen? Im Anschluss werden die Rollen getauscht.

VARIANTE
Natürlich kann man auch auf Packpapier großflächige Muster aufmalen, die die Kinder im Anschluss auf den gemalten Linien mit diversen Schmuckmaterialien oder auch Wollschnüren nachlegen.

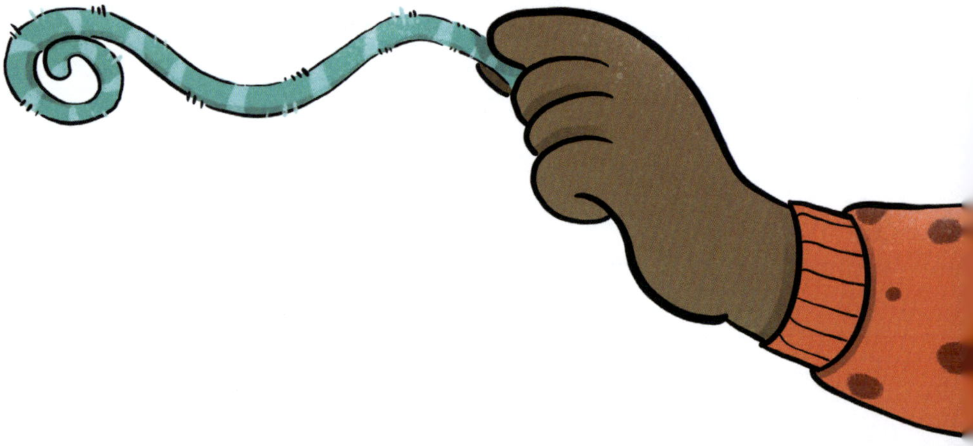

Förderziele: Kreativität • Fingerfertigkeit • Grafomotorik

Gemolkene Farbkühe

Gruppe
Kleingruppe
Alter
4–6 Jahre

Hier sind geschickte und einfühlsame Hände nötig! Bei diesem lustigen Melkspaß geht es nicht um Milch, sondern um farbige Wasserspritzer, aus denen man interessante Werke entstehen lassen kann.

MATERIAL

Stuhl • Wasser • 4 Wasserkrüge • Lebensmittelfarbe • Packpapierbogen • Wollschnur • 4 Latexhandschuhe • Nadel

DURCHFÜHRUNG

Als Vorbereitung färben Sie Wasser in vier Wasserkrügen mit bunter Lebensmittelfarbe. Füllen Sie das bunte Wasser anschließend in je einen Latexhandschuh und verknoten Sie diesen fest. Auf diese Weise entstehen vier Melkhandschuhe, gefüllt mit bunten Farben. Befestigen Sie an den Knoten der Farbhandschuhe je eine Wollschnur (ca. 30 cm lang), umwickeln Sie damit zweimal die Sitzfläche eines Stuhls und verknoten Sie die Enden der Wollschnur fest miteinander. Die vier Handschuhe sollen letztendlich unterhalb der Sitzfläche des Stuhls nebeneinanderhängen. Legen Sie einen großen Packpapierbogen unter den Stuhl und stechen sie vorsichtig in die Fingerkuppen der Handschuhe mit einer Nadel je ein Loch.

Veranstalten Sie die lustige Farbaktion bei schönem Wetter am besten im Garten. Falls dies nicht möglich ist, wählen Sie den Bewegungsraum. Zeigen Sie den Kindern den vorbereiteten Bereich und den spannenden Stuhl. Damit der Stuhl die Funktion der Melkkuh auch optisch übernehmen kann, könnten die Kinder im Vorfeld die Zeichnung einer Kuh malen, die auf die Sitzfläche des Sessels gelegt wird. Die Handschuhe sollen das Euter darstellen. Nun versucht ein Kind, die Farbkuh zu melken. Wichtig ist, dass die Finger dabei mit pumpenden und massierenden Handbewegungen an die Farbhandschuhe gehen und diese vorsichtig bearbeiten. Pumpen die Kinder richtig, spritzt die Farbe aus den Handschuhen auf lustige Weise auf das Papier und hinterlässt farbige Spritzer. Bestimmt werden die Kinder bei dieser lustigen Farbaktion nicht zurückhaltend sein und den Farbspaß in vollen Zügen genießen!

Förderziele: Hand-Koordination • Fingerfertigkeit

Auf die Schnelle: Strich, Punkt und Welle!

Gruppe
Kleingruppe
Alter
5–6 Jahre

Schwungvolle Worte können zu schwungvollen Bewegungen animieren! Der folgende Mitmachmalspruch möchte die Kinder für eine grafomotorische Malaktion motivieren. Gewiss werden sich die Kinder gerne und mit Freude darauf einlassen.

MATERIAL

Papier • Buntstifte

DURCHFÜHRUNG

Hui, hier bewegt sich der Stift in der Hand zu spannenden sprachlichen Vorgaben! Setzen Sie sich gemeinsam mit maximal vier Kindern an einen Tisch und stellen Sie jedem Kind ein Blatt Papier und Farbstifte zur Verfügung. Erzählen Sie den Kindern, dass Sie heute einen lustigen Malspruch vorbereitet haben, den Sie ihnen jetzt vorstellen möchten. Beim zweiten Durchgang können die Kinder die Malanimationen mit dem Stift zu Papier bringen.

Strich, Punkt, Welle, aber schnelle!
Zicke, zacke, rauf und runter, ja, so male ich jetzt munter!
Kreise dann, man kann es sehn, kugelrund von eins bis zehn!
Und dann kommt noch auf die Schnelle eine große Riesenwelle.
Die male ich mit Schwung, der Stift macht einen Sprung!
Punkt, Strich, Punkt, so geht es weiter,
ja, da werde ich gleich heiter.
Den dicken Punkt kann man nun sehen,
doch jetzt ist Schluss, auf Wiedersehen!

Förderziele: auditive Wahrnehmung • richtige Stiftführung

Natur pur!

Gruppe
Kleingruppe
Alter
4–6 Jahre

Die Natur hält viele Sinneseindrücke bereit, die nicht nur optisch, sondern auch haptisch sehr ansprechend sein können. Dieser naturellen Individualität sind die Kinder bei dem folgenden Kreativimpuls mit Fingerspitzengefühl auf der Spur.

MATERIAL

verschiedene Naturmaterialien • Pinsel • Papier • Schulmalfarbe

DURCHFÜHRUNG

Sammeln Sie gemeinsam mit den Kindern im Garten oder bei einem Spaziergang unterschiedliche Naturmaterialien (z. B. Steine, Tannenzapfen, Blätter, Blüten, Aststückchen etc.). Bereiten Sie auf einem Tisch Pinsel, Schulmalfarbe und Papier vor.
Setzen Sie sich gemeinsam mit den Kindern an den vorbereiteten Tisch. Lassen Sie die Kinder zunächst ihre gesammelten Materialien zeigen, befühlen und genau beschreiben. Welche Eigenschaften machen sie aus? Wie fühlen sie sich an? Wurden die Naturmaterialien genauer betrachtet, erhält jedes Kind ein Blatt Papier. Die Schulmalfarben und die Pinsel stehen in der Tischmitte. Nun bemalen die Kinder ihre Materialien und machen davon einen Abdruck am Papier. Es können auch individuelle Muster oder Bilder mit konkreten Darstellungen entstehen. Die Kinder sollen sich nach Lust und Laune kreativ austoben. Für dieses Übung braucht man Fingerspitzengefühl, denn es ist nicht einfach, die Naturmaterialien mit ihren individuellen Formen auf dem Papier abzudrucken.

VARIATION

Wer möchte, kann auch ein Ratespiel spielen. Ein Kind druckt unbeobachtet ein bestimmtes Naturmaterial am Papier ab und der Rest der Gruppe muss erraten, welches Material die Spur am Papier hinterlassen hat.

Förderziele: visuelle und haptische Wahrnehmung • Feinmotorik

Schnipp, schnapp, auf und zu

Gruppe
Kleingruppe
Alter
4–6 Jahre

Das Schneiden mit der Schere erfordert eine koordinierte Fingerbeweglichkeit. Das folgende Gedicht ermutigt die Kinder zu spannenden Schneideexperimenten. Bestimmt entstehen dabei tolle Kunstwerke.

MATERIAL

Papier • Schere

DURCHFÜHRUNG

Schnipp, schnapp, hier bewegt sich die Schere flink und zielgerichtet! Setzen Sie sich mit den Kindern an einen Tisch. Geben Sie jedem Kind eine Schere und ein weißes DIN-A4-Papier. Sprechen Sie mit den Kindern über den richtigen Umgang mit der Schere. Danach folgt das folgende Mitmachgedicht, zu dem die Kinder mit der Schere passende Muster in das Papier schneiden:

Schnipp, schnapp, auf und zu, die Schere gibt heut keine Ruh.
Wir schneiden nun gemeinsam hier Muster in das weiße Papier.
Schnipp, schnapp, immer munter, schneiden wir einen dünnen Streifen runter.
Dann schneide ich in ein Eck ein klitzekleines Dreieck.
Ich schneide rund und jeder weiß, das wird bestimmt ein großer Kreis.
Am Rand schneide ich jetzt schnelle eine kleine Schnipp-schnapp-Welle.
Vom restlichen Papier, da schneiden wir jetzt hier,
Schnipsel, groß, klein und immerzu, bis die Schere gibt wieder Ruh.

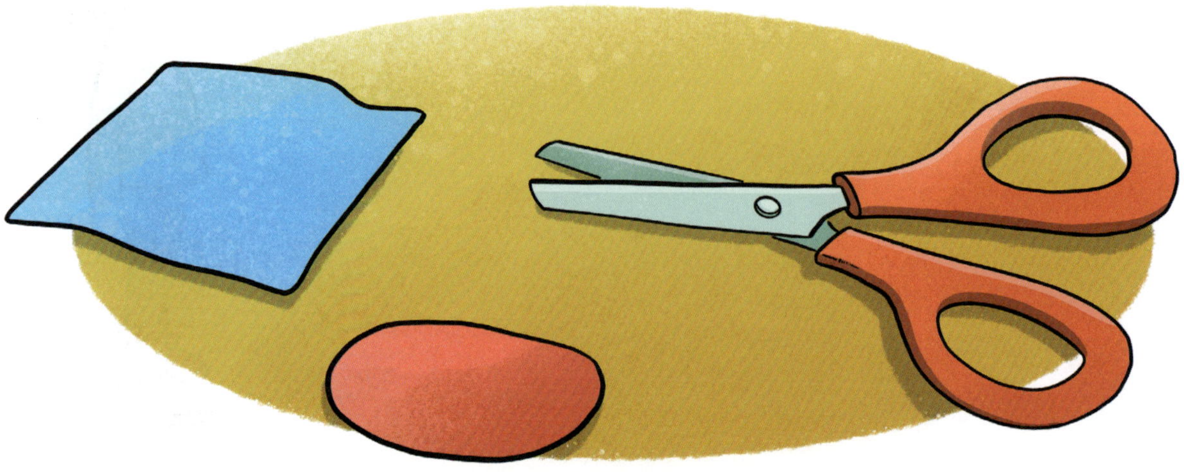

Förderziele: **Finger-Koordination • Umgang mit der Schere**

Gruppe
Kleingruppe
Alter
5–6 Jahre

Filigrane Steinkunstwerke

Diese Kunstwerke sind etwas ganz Besonderes, denn sie bestechen durch ihre zarten Muster. Um sie herzustellen, benötigt man ein ruhiges und besonders achtsames Händchen.

MATERIAL

gesammelte Steine • Reiskörner • Kleber • Pinzetten • schwarzer, feiner Eddingstift

DURCHFÜHRUNG

Sammeln Sie vorab mit den Kindern bei einem Spaziergang oder im Garten mittelgroße Steine. Jedes Kind sollte einen Stein für das folgende Kreativangebot bereithaben. Stellen Sie zudem auf einem Tisch eine Schüssel mit Reiskörnern und eine Pinzette für jedes Kind bereit sowie einen Kleber und einen Eddingstift.

Setzen Sie sich gemeinsam mit den Kindern an den vorbereiteten Tisch. Zeigen Sie den Kindern die Reiskörner und erklären Sie ihnen, dass sie heute mit den winzigen Körnern tolle Kunstwerke entstehen lassen. Dafür malen die Kinder mit dem Eddingstift ein feines Muster auf der Oberseite ihres Steines auf. Nun spuren sie das Muster mit Flüssigkleber nach und setzen mit der Pinzette vorsichtig die Reiskörner entlang der Klebespur. Die Körner sollen möglichst ohne Abstand zueinander aufgeklebt werden. Diese Kreativübung erfordert besonders viel Achtsamkeit und bedachte Handbewegungen, doch bestimmt kann sich das Kunstwerk letztendlich sehen lassen.

TIPP Wenn die Kinder beim Malen der Muster keine Ideen haben sollten, kann man sich gemeinsam auf Ideensuche machen.

Förderziele: Pinzettengriff • Achtsamkeit

Gezogene Zufallsmalerei

Gruppe
Kleingruppe
Alter
5–6 Jahre

Bei dieser Malaktion wird alles dem Zufall oder, besser gesagt, dem Willen des Malpartners überlassen. Eine lustige Partnerübung, bei der die Kinder bestimmt kreative Spuren hinterlassen.

MATERIAL

Packpapier • Wollschnur • Filzstifte

DURCHFÜHRUNG

Legen Sie im Bewegungsraum einen großen Bogen Packpapier auf den Boden. Verknoten Sie Filzstifte (so viele sie möchten) an je einem Ende einer ca. 30 cm langen Wollschnur.
Nun finden sich die Kinder zu zweit zusammen. Erklären Sie den Kindern, dass ein Kind in die Rolle des „gezogenen Malers" schlüpft. Dieser hält den Stift am Papier bereit. Das andere Kind hält den Faden (das Ende der Wollschnur) in der Hand und leitet den Maler über das Ziehen des Fadens dazu an, wohin sich der Stift bewegt. Der Maler folgt den Zugbewegungen und hinterlässt bunte Spuren. Damit ein spannendes Kunstwerk entstehen kann, tauschen die Kinder die Farben der Filzstifte immer wieder aus. Bestimmt werden diese Zufallskunstwerke interessante, bunte Spuren auf dem Papier hinterlassen. Die Rollen der Kinder werden später natürlich auch getauscht.

Förderziele: Auge-Hand-Koordination • Stiftführung

Gesicht, Augen, Mund: Bewegung ist gesund! –

Impulse für eine gezielte Gesichts- und Mundmotorik

Lachen, Grimassen schneiden, Kauen, Sprechen – für all diese und noch mehr Funktionen braucht man eine gute Beweglichkeit der Gesichts- und Mundmotorik. Doch auch hier gilt das gleiche Prinzip wie bei allen anderen Muskelgruppen unseres Körpers: Damit sie gut funktionieren, muss man sie regelmäßig trainieren, indem man z. B. Grimassen schneidet oder seine Zungenmotorik bei lustigen Mitmachgeschichten trainiert.

Zwinkermeister

Zwinkern ist eigentlich ein unbewusster Vorgang. Bei der folgenden Übung sollen die Kinder ihre Augenmuskulatur gezielt trainieren und die Kontraktionen der Augenlider bewusst herbeiführen. Dabei werden sie von den anderen genau beobachtet.

Gruppe
Kleingruppe
Alter
4–6 Jahre

DURCHFÜHRUNG

Hier zwinkern sich die Kinder fröhlich zu! Doch wie oft? – Das gilt es zu erraten. Das Spiel lässt sich zwischendurch gut in den Alltag integrieren und kann auch als Lückenfüller für Wartezeiten zum Einsatz kommen. Ein Kind schlüpft in die Rolle des Zwinkermeisters und sitzt den anderen Kindern am Tisch oder auf dem Boden gegenüber. Alle sollen das Gesicht des Kindes gut sehen können.
Nun flüstern Sie dem Kind eine Zahl von 1–10 ins Ohr. Diese Zahl gibt Aufschluss darüber, wie oft der Zwinkermeister mit den Augenlidern zwinkern soll.
Auf los geht's los! Die anderen Kinder beobachten ganz genau, wie oft das Kind mit den Augen zwinkert. Wer es richtig errät, darf als Nächstes zwinkern. Erraten mehrere Kinder die richtige Zahl, wird eines der Kinder ausgewählt, der nächste Zwinkermeister zu sein. Eine Übung, die die Augenmuskulatur und Konzentration der Kinder fördert.

VARIATION

Man kann auch mit allen Kindern eine Zwinkerübung durchführen. Die Kinder sollen versuchen, abwechselnd mit dem rechten und dem linken Auge zu zwinkern und danach eine bestimmte Anzahl beidseitig mit den Augen zu blinzeln.

Förderziele: Achtsamkeit • Konzentration

Bunte Kugelfische

Gruppe
Teilgruppe
Alter
5–6 Jahre

Einen Luftballon aufzublasen erfordert ganz schön viel Pustekraft und geschickte Lippenbewegungen. Bei der folgenden Übung pusten sich die bunten Kugelfische immer wieder auf und zeigen ihre runden Körper.

MATERIAL

bunte Luftballons (2 rote, 2 blaue, 2 grüne, 2 gelbe)

DURCHFÜHRUNG

Bei diesem Gedicht kommt man schnell außer Puste! Wenn sich die Kugelfische aufblasen, dann braucht es eine gezielte und schnelle Ausatmung. Spielen Sie das Spiel mit maximal acht Kindern und geben Sie jedem Kind einen bunten Luftballon in die Hand. Zwei Kinder erhalten je dieselbe Farbe. Nun versuchen die Kinder, den Ballon zu einer Kugel aufzublasen und die Luft danach wieder aus dem Ballon entweichen zu lassen. Diese Übung dient als Vorübung für das folgende Mitmachgedicht, das Sie im Anschluss sprechen und die Kinder die Pustebewegungen passend ausführen:

Bunte Kugelfische

Kugelfische leben im Meer, denn dort gefällt es ihnen sehr.
Sie blasen sich zu einer Kugel auf,
und sehen dabei richtig lustig aus!
Die Kinder blasen ihre Ballons zu einer Kugel auf.

Sie verfolgen dabei auch ein Ziel und bringen gleiche Farben ins Spiel.
Man sieht es sofort, von Anfang an: Jetzt sind alle blauen Fische dran.
Sie pusten fest in ihren Körper rein und bilden eine Kugel, oh wie fein!
Kinder mit den blauen Ballons pusten ihn auf; der Text wird mit den Farben Gelb, Grün und Rot wiederholt.

Nun pusten sie alle die Luft hinein und lassen sie raus, so soll das sein!

Der Wanderspiegel

Das Schneiden von Grimassen sieht nicht nur witzig aus, es ist auch eine tolle Übung, um die Gesichtsmuskulatur gezielt zu trainieren. Bei dieser Übung wird auch die Lachmuskulatur der Kinder in Anspruch genommen.

Gruppe
Gesamtgruppe
Alter
3–6 Jahre

MATERIAL

Handspiegel

DURCHFÜHRUNG

Wandert dieser Spiegel durch die Kinderschar und bleibt bei einem Kind stehen, dann darf dieses eine lustige Grimasse schneiden. Setzen Sie sich mit den Kindern im Kreis auf den Boden. Zeigen Sie den Kindern den Handspiegel und schneiden Sie eine lustige Grimasse, während Sie in den Spiegel blicken.
Zu folgendem Reim wandert der Spiegel nun von einer Kinderhand in die nächste. Stoppt der Reim, schneidet das Kind, das den Spiegel in der Hand hält, eine lustige Grimasse. Dann wandert der Spiegel synchron zum Sprechvers weiter.

Wandert der Spiegel durch die Gasse,
schneidest du flink eine Grimasse!

TIPP Die Kinder können auch versuchen, die Grimassen der anderen nachzumachen. Spielt man es mit einer kleineren Gruppe, kann man auch ein Merkspiel daraus machen: Die Kinder müssen sich die Grimassen der anderen merken und später versuchen, die individuellen Grimassen der einzelnen Kinder wiederzugeben.

Förderziele: Gesichtsmotorik • An- und Entspannung

Kaugummiakrobatik

Gruppe
Kleingruppe
Alter
5–6 Jahre

Beim Kaugummikauen bleibt der Mund geschlossen! Diese Regel wird heute bewusst gebrochen, denn bei der Kaugummiakrobatik muss man kreativ sein, um die Mund- und Kaumuskulatur gezielt zu trainieren.

MATERIAL

Kaugummi für jedes Kind

DURCHFÜHRUNG

Hier wird kräftig gekaut! Bei offenem oder geschlossenem Mund, und der Kaugummi darf sogar manchmal aus der Mundhöhle herausgucken. Lassen Sie die Kinder deshalb vor der Übung gründlich ihre Hände waschen. Setzen Sie sich mit einer Kleingruppe von Kindern an einen Tisch und geben Sie jedem Kind einen Kaugummi. Zunächst sollen die Kinder diesen einmal kräftig weich kauen. Danach folgt ein lustiger Mitmachspruch, der die Kinder zur Kaugummiakrobatik einlädt. Sie sprechen den Spruch und die Kinder führen die Bewegungen aus.

Kaugummiakrobatik

Der Kaugummi in meinem Mund schmeckt gut und ist auch noch gesund!
Mit meinen Zähnen kaue ich rum, das finde ich cool und gar nicht dumm.
Mal kaue ich vorne, nach rechts wandert er dann,
so beiße ich weiter und links ist auch noch dran.
Ich halt ihn mit den Vorderzähnen fest und mach mich bereit für den schnellen Test:
Ich ziehe mit den Fingern nur, es entsteht eine lange Schnur.
Ist sie dann ganz lang, wird mir plötzlich bang.
Die Zunge wickelt den Gummi nun kreisend auf,
dann schnell rein in den Mund, bis er schaut nicht mehr raus!
Ich kaue noch dran und ist er mir ein Graus, dann spuck ich den Kaugummi wieder aus!

Förderziele: Training der Mund- und Kaumuskulatur

Gesichtsgymnastik

Die Bewegungen der Gesichtsmuskulatur passieren im Alltag oft unbemerkt. Dennoch muss man diese, so wie jeden anderen Muskel des Körpers, fit halten. Die folgende Übung lässt sich ganz ungezwungen und jederzeit einbauen und macht Freude.

Gruppe
Teilgruppe
Alter
4–6 Jahre

MATERIAL

Handspiegel

DURCHFÜHRUNG

Wer runzelt denn hier die Stirn? Heute sollen das einmal alle Kinder gezielt machen, denn das Training der Gesichtsmuskulatur ist eine wichtige Sache! Setzen Sie sich mit den Kindern in einen Kreis. Sprechen Sie zunächst über das Gesicht. Machen Sie dazu gemeinsam mit den Kindern eine kleine Analyse: Was gehört zum Gesicht? Was kann man wie bewegen? Geben Sie dann einen Handspiegel von Kind zu Kind weiter und jedes Kind versucht, mit seinem Gesicht irgendeine Bewegung zu machen. So könnte ein Kind die Stirn runzeln, das nächste zwinkert abwechselnd mit den Augen oder ein Kind rümpft die Nase, spitzt den Mund etc.

Haben die Kinder eine Zeit lang experimentiert, macht ein Kind eine gezielte Übung vor, die die anderen Kinder nachahmen. So wird bei diesem Spiel die Gesichtsmuskulatur der Jungen und Mädchen spielerisch und auf lustige Weise trainiert.

TIPP Wer möchte, kann die Kinder während der Übungen auch fotografieren und aus den Fotos im Anschluss ein Plakat mit der Überschrift „So trainiere ich meine Gesichtsmuskeln" gestalten, das für die Kind gut zugänglich ist und das sie nach Lust und Laune zum Ausprobieren der Übungen ermutigt.

Förderziele: Gesichtsmotorik • Körperwahrnehmung

Außer Puste?

Gruppe
Kleingruppe
Alter
4–6 Jahre

Hier könnte man bald außer Puste sein! Doch die Kinder werden dieser Puste-Aufgabe mit dem Trinkhalm gewiss gewachsen sein. Schafft man es dabei noch, den eigenen Luftstrom in die richtige Richtung zu leiten, ist man ein wahrer Pusteprofi!

MATERIAL

Trinkhalme • leere Toilettenpapierrollen • Kreppband • Pompons

DURCHFÜHRUNG

Schneiden Sie die Toilettenpapierrollen mit einer Schere auf der Längsseite in zwei Hälften. Legen Sie die halbierten Rollen nun im Bewegungsraum oder im Gruppenraum auf den Boden und achten Sie darauf, dass diese nicht zu weit voneinander entfernt liegen (Abstand ca. 30 cm). Kleben Sie mit Kreppband am Anfang und am Ende der aufgelegten Rollen eine Start- und eine Ziellinie. Bereiten Sie zudem für jedes Kind einen Trinkhalm sowie einen Pompon vor.

Zeigen Sie den Kindern den vorbereiteten Puste-Parcours. Geben Sie jedem Kind einen Trinkhalm sowie einen Pompon in die Hand. Das erste Kind beginnt nun und legt seinen Pompon auf die Startlinie. Erklären Sie den Kindern, dass sie den Pompon ausschließlich mit dem Luftstrom des Strohhalms, durch den die Kinder kräftig pusten werden, fortbewegen und das flauschige Bällchen gezielt durch die Rollen pusten sollen. Ein spannendes Spiel, das die Lungenfunktion der Kinder spielerisch stärkt.

VARIATION

Natürlich kann man das Spiel auch als Wettspiel gestalten, indem man einfach zwei identische Parcours nebeneinander aufbaut. Dann heißt es: „Auf die Puste, fertig, los!"

Förderziele: gezielte Atmung • Auge-Hand-Koordination

Der Schnappfrosch

Bei dieser Mitmachgeschichte sollen die Kinder sogar die Zunge zeigen! Wenn sich der Schnappfrosch auf Futtersuche begibt, dann streckt er die Zunge so weit heraus, dass selbst die schnellste Fliege keine Chance hat, ihm zu entkommen.

Gruppe
Teil- oder Gesamtgruppe
Alter
3–6 Jahre

DURCHFÜHRUNG

Zunge raus, der Schnappfrosch ist auf Beutejagd! Bei der folgende Mitmachgeschichte wird die Mundmotorik der Kinder auf lustige Weise geschult. Sprechen Sie vorab mit den Kindern darüber, wie der Frosch seine Beute schnappt. Vielleicht wissen die Kinder bereits, dass dieser über eine lange und vor allem klebrige Zunge verfügt, die er in Sekundenschnelle herausstrecken und damit die Beute schnappen kann. Nun dürfen die Kinder versuchen, ihre Zunge, so wie der Frosch, kurz und blitzschnell herauszustrecken. Haben sie das gut geschafft, sind sie schon fit für die folgende Mitmachgeschichte, die Sie den Kindern im Anschluss erzählen.

Der Schnappfrosch

In einem großen Teich lebte eine Froschfamilie mit ihren vier Kindern. Sie hatten sich an einem ruhigen Platz neben dem Schilf angesiedelt, wo die schönsten Seerosen in einem prächtigen rosa Farbton blühten. Die Froschkinder waren noch im Wachstum und immerzu hungrig und somit auf Futtersuche. Ihre liebste Beute waren Fliegen, die um sie herumbrummten und die sich immer wieder zwischen ihre riesigen Froschaugen setzten. Aber damit sie diese auch schnappen konnten, mussten die vier kleinen Frösche erst in die Beutejagd eingeführt werden. Vater Frosch, ein wahrer Schnappkönig, wollte diese Lehreinheit übernehmen. Er sagte: „So, meine kleinen Froschkinder, heute üben wir die Froschzungenakrobatik. Wenn ich sage: ‚Zunge raus!', müsst ihr blitzschnell und für eine kurze Zeit eure Zunge aus dem Maul strecken. Lasst es uns versuchen."
Die Froschkinder setzten sich aufrecht auf dem Seerosenblatt hin und warteten gebannt auf das Signal ihres Vaters. Auf einmal hörten sie: „Zunge raus!"
Die Kinder strecken ihre Zungen schnell raus und geben sie wieder in den Mund hinein.

In Windeseile streckten sie ihre klebrigen Froschzungen aus dem Maul. Die kleinen Frösche merkten, dass das gar nicht so einfach war. Die klebrige Zunge blieb zwei Froschjungen sogar oberhalb des Maules kleben.
Die Kinder berühren mit ihrer Zunge die Oberlippe.

Vater Frosch war ein strenger Lehrer und gab sich mit den Erfolgen seiner Schüler noch nicht zufrieden. Weil er merkte, dass seine Rasselbande unruhig wurde, ließ er sie eine Runde von Seerosenblatt zu Seerosenblatt springen.
Die Kinder springen ein paarmal wie ein Frosch im Raum herum.

Förderziele: Mundmotorik • Reaktionsvermögen

Die Bewegung würde die Konzentration der kleinen Frösche steigern, davon war der Froschvater überzeugt. „So, meine lieben Fröschlein! Nun kommen wir wieder zurück zu unserer Zungenübung!", sagte der Vater mit lauter Stimme. Weil er merkte, dass die Zunge der Froschkinder noch etwas tollpatschig war, schlug er folgende Übung vor: „Stellt euch einmal vor, eure Zunge wäre das Pendel einer Pendeluhr. Das bewegt sich stets hin und her. Lasst eure Zunge einmal auf die rechte und einmal auf die linke Mundseite wandern. Versucht es auch mal richtig schnell und dann wieder langsamer."
Die Kinder öffnen den Mund, strecken die Zunge heraus und lassen sie einmal schnell und einmal langsam zur rechten und dann zur linken Mundseite wandern.

Die kleinen Frösche gaben sich Mühe und man merkte, dass die Zungen immer flinker und geschickter wurden. Dann forderte Vater Frosch seine Kinder auf, die Zunge in den Mund zu stecken und dieselbe Übung mit geschlossenem Mund erneut zu versuchen. Das sah lustig aus, denn je nachdem, wo die Zunge hinwanderte, konnte man eine kleine Beule an der Wange der Frösche erkennen.
Die Kinder versuchen die Übung im Mund und können mit der Zunge die Wangeninnenseite berühren und so eine kleine Beule machen.

Zuletzt sagte der Froschlehrer, dass die kleinen Froschschüler die Zunge im Mund kreisen sollen. Zuerst langsam und dann immer schneller.
Die Kinder kreisen mit ihrer Zunge im Mund.

Das war ganz schön anstrengend. Vater Frosch merkte, dass die Kinder nun eine Pause brauchten. Als sie ganz still dasaßen, hörten sie plötzlich ein Brummen. Eine dicke Fliege flog direkt vor den großen Augen der kleinen Frösche herum. Der Vater rief: „Zunge raus und schnapp!"
Die Kinder strecken ihre Zungen schnell raus.

Die Zungen der Jungfrösche sprangen förmlich aus den Mäulern und bei einem Frosch hörte man ein „Mmmmh, die war lecker!". Der kleinste Frosch hatte mit seiner klebrigen Zunge tatsächlich die Fliege gefangen und ließ sie sich gut schmecken. Die anderen Frösche mussten sich bei der Beutejagd noch etwas gedulden. Aber Vater Frosch war sicher, dass seine vier Kinder allesamt gute Schnappfrösche werden würden!

A, E, I, O, U – so macht hier die Kuh

Gruppe
Kleingruppe
Alter
4–6 Jahre

Dieser lustige Mitmachspruch fördert die Mundmotorik und die Artikulation der Kinder. Um Selbstlaute differenzieren zu können, braucht es eine gute und präzise Aussprache. Genau das wird beim folgenden Gedicht angesprochen.

DURCHFÜHRUNG

Dieses Gedicht eignet sich wunderbar, um nicht nur die Lachmuskulatur, sondern auch die Mundmotorik und die Aussprache der Kinder zu fördern. Sprechen Sie den Spruch gemeinsam mit den Kindern und achten Sie dabei auf eine präzise Aussprache der Selbstlaute:

Dies ist ne besondre Kuh,
sie macht nämlich niemals „Muh!".
Diese Kuh sagt immerzu:
A, E, I, O, U statt Muh!
Frisst das Tier das grüne Gras,
macht ihm das auch ganz viel Spaß.
Dann sagt es zu der andren Kuh:
A, E, I, O, U statt Muh!
Im Stall beim Melken ruft es dann,
damit es jeder hören kann:
A, E, I, O, U statt Muh!
Ja, so macht sie, diese Kuh!

Förderziele: Artikulation • Lippenmotorik

Hände, Finger, Füße, Zehen, lassen sich sehen! – Koordinationsspiele für Hände und Füße

Koordinationsfähigkeit ist wichtig, denn durch sie können wir Bewegungen präzise, schnell, geordnet und zielgerichtet ausführen. Eine gute Körperkoordinationsgabe ist auch für die kognitive Entwicklung von großer Bedeutung.

Im folgenden Kapitel wird Körperkoordination bei allen Übungen großgeschrieben. Die Kinder trainieren zudem spielerisch ihren Gleichgewichtssinn, wenn sie mit Armen und Beinen koordiniert umgehen können.

Fuß-Hand-Fuß – so geht der Gruß

Gruppe
Kleingruppe
Alter
4–6 Jahre

Gerade am Morgen braucht man Rituale, die den Kindern zeigen, dass sie willkommen sind. Bei dem folgenden Mitmachspruch werden die Kinder dazu animiert, beim Begrüßen die Hände und Füße koordiniert in Schwung zu bringen.

MATERIAL

Ball

DURCHFÜHRUNG

Fuß-Hand-Fuß – so geht dieser Gruß! Damit die Kinder am Morgen oder auch zwischendurch so richtig in Schwung kommen, eignet sich der folgende Mitmachspruch wunderbar. Setzen Sie sich dafür gemeinsam mit den Kindern in einen Bodenkreis. Nun kommt ein Ball ins Spiel und die Kinder reichen diesen abwechselnd einmal mit beiden Händen und einmal mit den Füßen an ihr Nachbarkind weiter. So hält ein Kind den Ball in den Händen und legt diesen in die bereitstehenden Füße des Nachbarkindes, das den Ball mit den Füßen in den Händen seines Nachbarn platziert usw.
Die Bewegungen werden zu folgendem Spruch ausgeführt:

Fuß-Hand-Fuß

Zuerst kommt Fuß-Hand-Fuß,
ja, so geht dieser Gruß.
Mit den Händen und den Füßen
wollen wir uns jetzt begrüßen.
Zuerst kommt Fuß-Hand-Fuß,
ja, so geht der Gruß.

Förderziele: Sprache in Bewegung umsetzen • Koordination der Hände und Füße

Fühlmemory für Hände und Füße

Gruppe
Kleingruppe
Alter
4–6 Jahre

Haptik ist besonders wichtig, wenn man etwas intensiv und differenziert wahrnehmen möchte. Bei dem folgenden Impuls werden die Hände und Füße zum bewussten Fühlen angeregt.

MATERIAL

Spiel- oder Alltagsmaterialien in doppelter Ausführung • Augenbinde

DURCHFÜHRUNG

Wählen Sie sechs unterschiedliche Spiel- oder Alltagsmaterialien aus (z. B. Bausteine, Löffel, Federn etc.), die sie auf einen Tisch legen. Der jeweilige Doppelgänger wird unter dem Tisch platziert. Für das Fühlspiel zieht das Kind, das als erstes spielen möchte, die Socken aus. Dann setzt sich das Kind an den Tisch mit den vorbereiteten Materialen. Benennen Sie gemeinsam mit den Kindern die Spiel- oder Alltagsgegenstände. Anschließend werden dem Kind die Augen über eine Augenbinde verbunden. Wenn es das nicht möchte, schließt es einfach die Augen. Nun können Sie oder ein anderes Kind dem „blinden" Kind ein Material in die Hand geben. Zunächst fühlt es dieses intensiv mit den Händen. Danach hat es die Aufgabe, den Materialdoppelgänger unter dem Tisch mit den Füßen zu ertasten. Findet es das Memo-Paar?

TIPP Wenn Kinder dabei besonders schnell sind, können noch weitere Gegenstände eingesetzt werden.

VARIATION

Von den Gegenständen Fotos machen; dann können die Kinder im ersten Schritt das Foto betrachten und sich anschließend mit Händen und Füßen auf eine spannende Materialfühlsuche begeben.

Förderziele: Koordination der Hände und Füße • haptische Wahrnehmung

Das hat Hand und Fuß!

Auf dieser Straße wird sich abwechselnd mit Händen und Füßen fortbewegt! Möchte man sie noch spannender gestalten, kommt noch Farbe ins Spiel und die Straße wird zu einer Geschicklichkeitsaufgabe der Extraklasse!

Gruppe
Kleingruppe
Alter
4–6 Jahre

MATERIAL

Papierrolle • Fingerfarbe • Pinsel • Malerkrepp

DURCHFÜHRUNG

Legen Sie eine lange Papierrolle (Länge ca. 3 Meter) auf den Boden. Bemalen Sie nun die Hände und Fußsohlen der Kinder mit bunter Fingerfarbe und drucken Sie diese abwechselnd (in einem beliebigen Muster, das man aber auch sinnvoll beschreiten können muss) auf das Papier. So können z. B. vier Fußabdrücke und zwei Handabdrücke platziert werden, die bedeuten, dass die Kinder auf diese einmal nur mit den Füßen und dann mit allen Vieren (Händen und Füßen) treten müssen usw. Auf diese Weise soll ein bunter Pfad entstehen.
Legen Sie die getrocknete und gestaltete Bewegungsstraße entweder ins Freie oder in den Bewegungsraum. Die Kinder beschreiten diese am besten barfuß. Erklären Sie den Kindern, dass die vorgegebenen Fuß- und Handabdrücke darüber Aufschluss geben, ob sie den Pfad nur mit den Füßen oder auf allen Vieren beschreiten sollen. Die Kinder versuchen nun, den Pfad zuerst langsam und dann so schnell wie möglich zu beschreiten.

VARIATION

Wer möchte, bringt auch einen Farbwürfel ins Spiel und die Kinder müssen versuchen, sich auf jenen bunten Spuren zu bewegen, die mit dem Farbwürfel vorab gewürfelt werden.

Förderziele: Körper-Koordination • Gleichgewichtssinn

Gruppe
Kleingruppe
Alter
4–6 Jahre

Rollender Fußballparcours

Für das Fußballspiel braucht man viel Geschick und eine gute Koordinationsgabe! Dieser Linienparcours zielt darauf ab, mit dem Ball geschickt und vor allem kontrolliert umzugehen, denn er darf nicht von den Linien abweichen!

MATERIAL

Kreppband • 4 Spielbälle

DURCHFÜHRUNG

Zunächst werden im Turnsaal mit einem Kreppband kreuz und quer Linien auf den Boden geklebt, die miteinander verbunden sind. Ein dichter Linienparcours soll dabei entstehen.
Zeigen Sie den Kindern den vorbereiteten Parcours und erzählen Sie ihnen, dass der rollende Ball heute nicht von den Linien abweichen darf. Das Rollen wird aber nicht mit den Händen, sondern mit den Füßen ausgeführt. Dafür erhalten vier Kinder einen Ball und stellen sich gut verteilt auf eine der Linien. Nach einem Startsignal, z. B. dem Erklingen einer Triangel, wird der Ball auf den Linien mit den Füßen zum Rollen gebracht. Aber Achtung: Er darf dabei die Linie nicht verlassen!

VARIATION

Man könnte auch ein richtiges Fußballspiel veranstalten, bei dem zusätzlich zu den Linien in beiden Raumhälften noch ein Tor aufgeklebt wird. Es werden zwei Mannschaften gebildet, die versuchen, den Ball entlang der Linien in das Tor der Gegenmannschaft zu spielen.

Förderziele: Koordination der Beine • Achtsamkeit

Hampelmann-Parade

Der Hampelmann-Sprung ist eine lustige Angelegenheit, die aber auch die Koordination der Arme und Beine aktiv fördert. Machen mehrere Kinder den Hampelmann, hat man im Nu eine ganze sprunghafte Parade beisammen.

Gruppe
Teilgruppe
Alter
4–6 Jahre

DURCHFÜHRUNG

Hier springt der Hampelmann! Ermutigen Sie die Kinder, den Hampelmann-Sprung im Vorfeld zu üben. Diese Bewegungsaktion lässt sich überall dort ausführen, wo genügend Platz ist. Für den Hampelmann-Sprung gehen die Arme zuerst über dem Kopf ausgestreckt zusammen und gleichzeitig öffnen sich die Beine zu einer Grätsche. Bei einem Sprung öffnen sich die Arme und gleichzeitig schließen sich die Beine. Diese Bewegungen werden abwechselnd und sprunghaft ausgeführt. Haben die Kinder den Sprung geübt, lädt der folgende Spruch zum Hampelmann-Gemeinschaftsspringen ein:

Hampelmann

Seht euch einmal an,
was ich alles kann!
Ich springe jetzt den Hampelmann
und fange nicht alleine an.
Gemeinsam springen wir sodann
den lustigen Hampelmann!
Auf die Plätze, es geht nun los,
wir springen hoch, das ist famos!

Förderziele: Koordination der Arme und Beine • gezielte Körperspannung

Tausendfüßler unterwegs

Gruppe
Teilgruppe
(max. 8 Kinder)
Alter
4–6 Jahre

Bei diesem Gang trippeln nicht nur zwei Füße, sondern so viele wie können und möchten! Tausendfüßler haben die Fähigkeit, ihre vielen Beinchen koordiniert zu bewegen. Nach diesem Vorbild versuchen sich die Kinder gemeinsam.

MATERIAL

Fitnessband • Gummiband

DURCHFÜHRUNG

Für dieses Spiel benötigen Sie entweder ein Fitnessband aus Gummi oder ein Gummiband, das Sie an den Schnurenden fest zusammenknoten. Dieses sollte so groß ausfallen, dass sich mehrere Kinder in diesem bewegen können.
Spielen Sie das Spiel am besten in einem großen Raum (Bewegungsraum) oder im Freien. Zeigen Sie den Kindern das Gummi- oder Fitnessband und sprechen Sie vorab über die Merkmale eines Tausendfüßlers. So werden die Kinder gedanklich dazu hingeführt, dass sich heute viele Beinchen gleichzeitig bewegen sollen. Doch nicht die des Tausendfüßlers, sondern die eigenen. Nun bildet eine Teilgruppe von Kindern (max. zwölf Kinder) eine Schlange und das Gummi- oder Fitnessband wird um ihren Bauch gespannt. Auf dieses Weise ist der Tausendfüßler miteinander verbunden. Das vorderste Kind bildet den Kopf und gibt die Richtung an, in die sich der Tausendfüßler bewegt. Die Kinder können sich mit den Händen seitlich am Gummiband oder auch am Rücken ihres Vordermannes festhalten. Der Tausendfüßler wird spannende Wege beschreiten und gewiss werden die vielen Beinchen auf eine gute Koordination achten müssen.

VARIATION

Man kann mit dem Tausendfüßlergang auch Fangen spielen. Dafür werden zwei Gruppen aus Tausendfüßlern gebildet und eine Gruppe muss die andere dabei fangen.

Förderziele: **koordinierte Bewegungen der Beine • Gemeinschaftsgefühl**

Klatsch-stampf-Rock

Hier wird gerappt und gleichzeitig koordiniert geklatscht und gestampft! Eine rockige Angelegenheit, bei der man sich trotzdem gut konzentrieren muss.

Gruppe
Gesamtgruppe
Alter
4–6 Jahre

DURCHFÜHRUNG

Das Lied „We will rock you" von der Rockband Queen ist vielen bekannt und gewiss schafft es niemand, dabei völlig bewegungslos zu bleiben. Der einladende Rap-Rhythmus soll die Kinder dazu animieren, die Stampf- und Klatschbewegungen mit den Händen und Beinen koordiniert und vor allem rhythmisch auszuführen. Dafür sitzen die Kinder in einem Stuhlkreis und Sie singen das Lied mit dem vorgegebenen Text. Die entsprechenden Bewegungen werden gemeinsam ausgeführt:

Klatsch, stampf, klatsch, stampf, klatsch, klatsch.
Klatsch, stampf, klatsch, stampf, klatsch, klatsch.

Wir klatschen in die Hände,
denn das fällt uns gar nicht schwer.
Wir stampfen mit den Beinen,
denn wir lieben das so sehr!

Klatsch, stampf, klatsch, stampf, klatsch, klatsch ...

Bist du einmal müde,
dann mach doch ganz schnell mit.
Das ist ein toller Rhythmus,
denn er hält uns richtig fit!

Klatsch, stampf, klatsch ...

Förderziele: Sprache in Bewegung • Koordination von Armen und Beinen

Marionettentanz

Gruppe
Kleingruppe
Alter
4–6 Jahre

Marionetten sind Puppen, die sich nur dann bewegen, wenn man an ihren Schnüren zieht. Bei dieser Übung dürfen die Kinder in die Rolle der Marionetten schlüpfen. Vielleicht entstehen dabei sogar spannende Tanzbewegungen.

MATERIAL

Wolle

DURCHFÜHRUNG

Im Vorfeld erhalten die Kinder, die an dem Marionettentanz teilnehmen, zwei zusammengeknotete stabile Wollschnüre. Die Länge der Schnüre orientiert sich an der Größe der Kinder, sie sollten so lang sein, dass sie vom ausgestreckten Arm bis zu den Zehen reichen. Führen Sie die folgende Bewegungsaktion am besten im Bewegungsraum oder im Freien durch. Die Kinder schlüpfen durch das eine Ende der Schnüre mit ihren Füßen. Das andere Ende nehmen sie in die Hände. Wenn sie mit ihren Händen an den Schnüren ziehen, merken sie, dass sich die Beine durch den Zug an der Schnur unwillkürlich mitbewegen. Die Kinder können zunächst versuchen, auf diese Weise durch den Raum zu gehen. Im Anschluss können sie sich auch einen Stepptanz oder ähnliche Tanzmuster überlegen. Hat ein Kind eine Idee für einen Tanz, können die anderen Kinder versuchen, diesen nachzuahmen. Der Bewegungsfantasie sind keine Grenzen gesetzt!

TIPP Wenn die Kinder gerne tanzen, dann schalten Sie eine animierende Musik an, die zu kreativen Tanzmustern mit den Marionettenschnüren einlädt.

Förderziele: **Koordination der Arme und Beine • Gleichgewichtssinn**

Bunter Zehen-Schnapp-Spaß

Gruppe
Teilgruppe
Alter
4–6 Jahre

Hier müssen die Zehen besonders schnell sein! Das folgende Spiel sorgt für bunte und lustige Momente. Wer schafft es, die Farbkarten mit den Füßen blitzschnell zu schnappen?

MATERIAL

Farbwürfel • bunter Fotokarton in den Farben des Farbwürfels

DURCHFÜHRUNG

Schneiden Sie aus buntem Fotokarton (die Farben sollen auf den Farbwürfel abgestimmt sein) pro Farbe sechs Kärtchen (Größe ca. 10 x 10 cm) zurecht. Legen Sie die bunten Farbkarten auf den Boden und bereiten Sie den Farbwürfel vor. Die Kinder setzen sich auf den Boden rund um die Karten. Nun würfelt ein Kind mit dem Farbwürfel. Alle Kinder versuchen nun, die Karten mit der gewürfelten Farbe mit den Füßen zu schnappen und zu sich zu ziehen. Am besten ist es, wenn die Kinder dafür die Socken ausziehen. Wer schafft es, die meisten Kärtchen mit den Füßen zu schnappen?

VARIATION

Wer die Geschicklichkeit besonders fördern möchte, kann das Spiel auch so spielen: Die Kinder sitzen im Kreis und halten mit ihren Füßen eine bunte Farbkarte, indem sie diese zwischen beiden Füßen einklemmen. Ein Kind hat keine Karte, aber den Farbwürfel. Es würfelt eine Farbe und muss sich nun die gewürfelte Farbkarte von einem Kind mit den Füßen holen, ohne die Hände dabei zu verwenden. Dann würfelt das Kind, dem die Karte entnommen wurde, als nächstes.

Förderziele: Reaktionsvermögen • Koordination der Beine

Stacheliges Roulette

Gruppe
Gesamtgruppe
Alter
3–6 Jahre

Bei diesem Spiel geht es stachelig zur Sache! Hier rollt die Stachelkugel durch die Hände und Füße der Kinder und hinterlässt ein stachelig-kitzliges Gefühl, das sich auch wie eine Massage anfühlen kann.

MATERIAL

2 Igelbälle

DURCHFÜHRUNG

Dieses Spiel sorgt für stachelige Momente! Setzen Sie sich gemeinsam mit den Kindern im Kreis auf den Boden. Für das Spiel ziehen die Kinder am besten die Socken aus, damit sie den stacheligen Igelball intensiver fühlen können.
Zeigen Sie den Kindern die Igelbälle und geben Sie einen Ball zum Fühlen mit den Händen durch die Runde. Nun kommt auch ein zweiter Ball dazu, der mit den Füßen weitergegeben wird. Wichtig ist, dass die Kinder die Bälle gleichzeitig durch die Runde geben. Bei einem Roulette läuft die Kugel schnell im Kreis. Auch bei diesem stacheligen Kreisspiel sollen die Igelbälle an Geschwindigkeit gewinnen und rasch von einem zum anderen weitergegeben werden. Ein stacheliges Fühlerlebnis ist dabei garantiert!

VARIATION

Möchte man bunte Farbspuren hinterlassen, so können sich die Kinder (max. sechs Kinder) rund um einen großen Packpapierbogen setzen. Die pädagogische Fachkraft taucht den Igelball zuerst in bunte Schulmalfarbe und die Kinder rollen die bunte Farbkugel anschließend mit ihren Füßen im Kreis. Eine farbige Angelegenheit, die sich auch im Sommer im Freien gut anbietet.

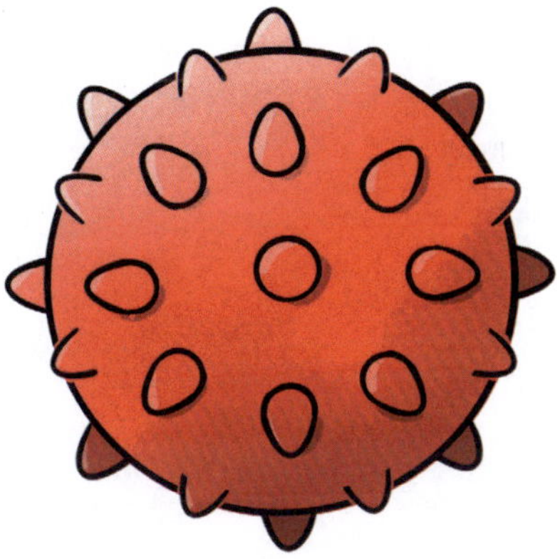

Förderziele: Koordination • haptische Wahrnehmung

IMPRESSUM

Bibliografische Information der Deutschen Bibliothek
Die Deutsche Bibliothek verzeichnet diese Publikation in der Deutschen Nationalbibliografie; detaillierte bibliografische Daten sind im Internet über http://dnb.ddb.de abrufbar.

1. Auflage 2024

www.kaufmann-verlag.de

Text: Katrin Weitzer
Illustrationen: Matthia Tiemeyer
Satz & Gestaltung: Katrin Kleinschrot

Druck und Bindung: Grafischen Centrum Cuno, Calbe
ISBN 978-3-7806-5214-0